辽宁省社科规划基金重点项目"新常态下辽宁新兴产业创新驱动的金融政策研究"（L15AJY006）

辽宁省教育厅人文社科一般项目"辽宁战略性新兴产业的高端化路径及政策研究"（W2014210）

辽宁省社科联项目"辽宁新兴产业培育与老工业基地转型的互动关系及政策研究"（2014lslktziyyjj-18）

中国战略性新兴产业创新政策研究

——基于微观企业的研究视角

姜晓婧 著

中国社会科学出版社

图书在版编目(CIP)数据

中国战略性新兴产业创新政策研究：基于微观企业的研究视角 / 姜晓婧著. —北京：中国社会科学出版社，2021.8
ISBN 978-7-5203-8706-4

Ⅰ.①中… Ⅱ.①姜… Ⅲ.①新兴产业—产业发展—经济政策—研究—中国 Ⅳ.①F279.244.4

中国版本图书馆 CIP 数据核字(2021)第 136713 号

出 版 人	赵剑英
责任编辑	许 琳
责任校对	鲁 明
责任印制	郝美娜

出　　版	中国社会科学出版社
社　　址	北京鼓楼西大街甲 158 号
邮　　编	100720
网　　址	http://www.csspw.cn
发 行 部	010－84083685
门 市 部	010－84029450
经　　销	新华书店及其他书店
印刷装订	北京市十月印刷有限公司
版　　次	2021 年 8 月第 1 版
印　　次	2021 年 8 月第 1 次印刷
开　　本	710×1000　1/16
印　　张	14
字　　数	221 千字
定　　价	88.00 元

凡购买中国社会科学出版社图书，如有质量问题请与本社营销中心联系调换
电话：010－84083683
版权所有　侵权必究

目　录

第一章　绪论 …………………………………………………………（1）
第一节　问题的提出 ……………………………………………（1）
一　现实与理论背景 …………………………………………（1）
二　研究意义 …………………………………………………（4）
第二节　相关概念界定 …………………………………………（6）
一　战略性新兴产业 …………………………………………（6）
二　创新政策 …………………………………………………（9）
三　传统转型企业与新生企业 ……………………………（11）
四　内部创新与外部创新 …………………………………（13）
第三节　研究内容与结构安排 ………………………………（14）
第四节　研究方法与主要创新点 ……………………………（14）
一　研究方法 ………………………………………………（14）
二　主要创新点 ……………………………………………（16）

第二章　国内外研究综述 …………………………………………（18）
第一节　战略性新兴产业创新政策效果评价的文献述评 …（18）
第二节　企业类型与政府创新政策的文献述评 ……………（20）
一　企业异质性与企业行为 ………………………………（20）
二　企业类型与创新政策 …………………………………（22）
第三节　外部创新视角下战略性新兴产业的创新驱动因素 ……（23）

一　技术引进对企业创新的影响研究……………………（23）
　　二　并购对企业创新的影响研究……………………………（24）

第三章　相关理论基础……………………………………………（27）
　第一节　创新政策的理论概述……………………………………（27）
　　一　不同经济学派的创新政策主张…………………………（27）
　　二　战略性新兴产业政策扶持的必要性……………………（28）
　　三　技术创新动力源框架下的创新政策……………………（30）
　第二节　企业类型与政府创新政策关系的理论分析……………（32）
　　一　企业类型与技术创新的关系……………………………（32）
　　二　企业类型与技术演进的关系……………………………（38）
　　三　传统转型与新生企业政府创新政策差异的理论分析……（41）
　第三节　外部创新视角下战略性新兴产业的创新政策的
　　　　　理论分析…………………………………………………（44）
　　一　不同理论对企业外部创新的观点………………………（44）
　　二　战略性新兴企业外部创新的重要性……………………（48）
　　三　外部创新视角下战略性新兴产业创新驱动的影响
　　　　机理………………………………………………………（49）
　　四　外部创新视角下的战略性新兴产业创新政策扶持的
　　　　必要性……………………………………………………（53）

**第四章　战略性新兴产业创新政策的历史演进与
　　　　　现状评价**………………………………………………（56）
　第一节　中国创新政策演进与政策工具…………………………（56）
　　一　中国科技政策的演进……………………………………（56）
　　二　促进创新的政策工具……………………………………（62）
　第二节　战略性新兴产业政府创新政策现状……………………（65）
　　一　战略性新兴产业的总体政策……………………………（65）

二　七大战略性新兴产业创新政策的差异 ……………………（86）
　第三节　基于企业类型和外部创新视角的战略性新兴
　　　　　产业创新政策评价 ……………………………………（98）
　　一　基于企业类型和技术演进特点的创新政策评价 ………（98）
　　二　基于企业外部创新的创新政策评价 …………………（100）

第五章　战略性新兴产业创新政策效果的实证检验 ……………（104）
　第一节　实证方法与分析框架 …………………………………（104）
　第二节　研究设计 ………………………………………………（108）
　　一　数据来源 ………………………………………………（108）
　　二　变量选择 ………………………………………………（109）
　　三　变量的描述性统计 ……………………………………（110）
　第三节　实证结果与分析 ………………………………………（112）
　　一　倾向得分匹配及平衡性检验 …………………………（112）
　　二　基于倾向得分匹配的双重差分模型 …………………（113）
　　三　反事实检验 ……………………………………………（116）

**第六章　企业类型视角下战略性新兴产业的创新
　　　　　激励差异的实证分析** …………………………………（118）
　第一节　传统转型企业与新生企业的研发竞争博弈模型 ……（118）
　　一　模型的基本假设 ………………………………………（118）
　　二　第二阶段子博弈均衡 …………………………………（119）
　　三　第一阶段子博弈均衡 …………………………………（120）
　第二节　实证研究设计 …………………………………………（121）
　　一　数据来源 ………………………………………………（121）
　　二　变量选择 ………………………………………………（122）
　　三　模型设定与描述性统计 ………………………………（124）
　第三节　实证结果与分析 ………………………………………（128）

一　回归结果分析 …………………………………………… (128)
　　二　Bootstrap 组间差异检验 ……………………………… (131)

第七章　外部创新视角下战略性新兴产业创新驱动的实证分析 …………………………………………………… (135)
第一节　技术引进对战略性新兴产业创新效率影响的实证分析 …………………………………………… (135)
　　一　研究设计 ……………………………………………… (135)
　　二　实证结果分析 ………………………………………… (141)
　　三　稳健性检验 …………………………………………… (146)
第二节　并购对战略性新兴产业创新绩效影响的实证分析 ………………………………………………………… (147)
　　一　研究设计 ……………………………………………… (148)
　　二　实证结果分析 ………………………………………… (154)
　　三　稳健性检验 …………………………………………… (159)

第八章　战略性新兴产业创新政策的案例分析 ……………… (161)
第一节　产业创新情况概述 …………………………………… (161)
　　一　高端装备制造业创新情况 …………………………… (161)
　　二　新材料产业创新情况 ………………………………… (167)
第二节　产业创新政策概述 …………………………………… (171)
　　一　高端装备制造业创新政策 …………………………… (171)
　　二　新材料产业创新政策 ………………………………… (174)
第三节　基于企业类型视角的创新政策案例分析 …………… (179)
　　一　基于技术融合的创新政策评价与优化 ……………… (179)
　　二　基于技术跨越的创新政策评价与优化 ……………… (183)
第四节　基于外部创新视角的创新政策案例分析 …………… (186)
　　一　LED 产业并购特点分析 ……………………………… (186)

二　LED产业外部创新的政策评价与优化建议……………（189）

第九章　战略性新兴产业创新政策的政策优化与建议…………（191）
　第一节　战略性新兴产业创新政策优化的总体建议…………（191）
　　一　明确政府与企业的分工协作关系…………………………（191）
　　二　重视与运用政策工具的协同作用…………………………（192）
　　三　重视对创新政策效果的评估与调整优化…………………（192）
　第二节　基于企业类型的战略性新兴产业创新政策建议……（193）
　　一　重视传统转型企业的技术升级改造………………………（193）
　　二　制定多样化差别化的创新政策……………………………（194）
　　三　制定和实施细分产业的扶持政策…………………………（195）
　第三节　基于外部创新的战略性新兴产业创新政策建议……（196）
　　一　为企业开展外部创新提供融资便利的财税政策和
　　　　金融政策…………………………………………………（196）
　　二　为企业加强消化吸收和再创新的相关政策………………（197）
　　三　为企业吸引外部创新人才的人才政策……………………（197）
　　四　为企业提供综合服务的创新服务体系……………………（198）

参考文献………………………………………………………（199）

第一章 绪论

自 2009 年开始，战略性新兴产业在国家诸多政策的支持下实现了蓬勃的发展，技术创新成效显著，对于我国经济转变发展方式、优化经济结构、转换增长动力、向高质量阶段发展中的引领作用进一步得到发挥。中国经济正在进入一个增长动力切换和发展方式转变的"新常态"。"新常态"指的是在速度、结构和动力三个方面的特点，其中动力是指"从要素驱动、投资驱动转向创新驱动"。2014 年中央经济工作会议提出，经济增长必须让创新成为驱动发展的新引擎。战略性新兴产业是以重大技术突破为基础的，科技创新对于战略性新兴产业的发展起着至关重要的作用，因此技术创新政策是国家推动战略性新兴产业发展的重要手段。本章将从选题的背景与意义出发，论证研究的必要性及其理论与实践的价值；此后，对全书所要研究的主要内容进行了简要说明并对相关概念作了界定和说明；最后，归纳了本书的研究方法，并提出了本书研究的主要创新点。

第一节 问题的提出

一 现实与理论背景

1. 现实背景。科技革命和经济危机是当今世界产业发展新趋势的两个重要背景。自 2008 年金融危机爆发以来，世界各国纷纷加大对科技创新的投入，力争通过开发新技术和培育新产业率先走出危机。主要发达国家在总结经验教训的基础上，纷纷采取力度空前的经济刺激措施，加快关键技术的突破和产业结构的调整。在能源、资源、信息和先进材料等战略领域里，一些重要的科学问题和关键技术正在发生或已经显现出革命性的突破，这一趋势必将催生许多新兴产业的出现和发展，国际产业分工体系开始调整和重塑。在此背景下，世界产业发展日趋呈现出低碳、节能和绿色等特点。以低能耗、低污染、低排放为基础的经济发展方式以及向低碳经济转型已经成为世界经济发展的大趋势。各国的实践也证明，当前培育发展以节能环保、新能源、新材料、生物、宽带网络为代表的新兴产业已成为许多国家和地区实现经济振兴、培育新的经济增长点的重要突破口。在这样的世界产业发展背景下，对中国而言，通过培育战略性新兴产业以抢占科技制高点成为当务之急，唯有紧跟世界经济和科技发展的大趋势并有所作为，才能在激烈的国际竞争中实现跨越式的发展。被学界冠以"再工业化"之名的美国制造业复兴战略，并不是简单地恢复与振兴传统制造业，而是在寻求经济社会发展的新的工业基础，扩大就业和出口，最终实现在新的技术创新基础上继续扩大美国的工业竞争优势，从而保持其制造业的世界领先地位。美国与欧盟的"再工业化"战略会加剧争夺科技创新与产业化制高点的竞争，这对中国制造业向产业链高端升级，以及以技术突破为核心的战略性新兴产业的发展构成了更大的威胁和挑战。

2009年9月底国家连续三次召开了战略性新兴产业发展座谈会，国务院总理温家宝在会上强调了发展战略性新兴产业是中国立足当前渡过难关、着眼长远上水平的重大战略选择。2010年3月的《政府工作报告》中重点提到了战略性新兴产业，温家宝总理在报告中明确指出，要大力培育新材料、新能源、节能环保、生物、新一代信息技术、新能源汽车和高端装备制造等战略性新兴产业。2010年10月，国务院下发了《关于加快培育和发展战略性新兴产业的决定》，明确指出了国家将从财税金融等多方面出台一揽子政策加快培育和发展战略性新兴产业，由此拉开中国战略性新兴产业实质性发展的序幕。2012年7月，《"十二五"国家战略性新兴产业发展规划》出台，进一步明确了战略性新兴产业发展的重点方向和主要任务，战略性新兴产业的发展目标是整体规模的年均增长率保持在20%以上。2015年3月，李克强总理在《政府工作报告》中指出，要增加研发投入，促进服务业和战略性新兴产业比重提高、水平提升，加快培育新的增长点和增长极，实现在发展中升级、在升级中发展。2016年11月，《"十三五"国家战略性新兴产业发展规划》指出战略性新兴产业代表新一轮科技革命和产业变革的方向，是培育发展新动能、获取未来竞争新优势的关键领域。"十三五"时期，要把战略性新兴产业摆在经济社会发展更加突出的位置，大力构建现代产业新体系，推动经济社会持续健康发展。由此可见，发展战略性新兴产业的国家战略始终没有动摇。在总体政策的指导下，从国家到地方各级政府均出台了多方面的扶持政策。

因此，在这样的现实背景下，对战略性新兴产业创新驱动的研究具有很强的现实意义。

2. 理论背景。自培育发展战略性新兴产业的国家战略提出之后，国内理论界也掀起了相关理论与实证研究的热潮。这是因为战略性新兴产业给经济学理论提出了诸多新问题，战略性新兴产业的发展也急需相关经济理论的支持与推动。战略性新兴产业的国家战略是基于我国具体国情提出的，因此对于战略性新兴产业的培育和发展没有现成的理论指导，而是需要理论界在以往理论的基础上结合战略性新兴产业的特点与我国具体国情进行理论创新。中国战略性新兴产业的培育发展已经全面展开，理论界的相关研究也在不断推进和深入，学者们的研究为中国战略性新兴产业的发展提供了强大的理论支持。理论界对于战略性新兴产业的内涵、成长路径、发展条件、政策体系等发展规律与问题做了大量研究。政府对战略性新兴产业的作用主要体现在政策层面上，因此学者对制定政策的原则与具体政策措施方面均作了大量研究，主要包括对培育和扶持战略性新兴产业发展的财政税收政策、金融政策、科技创新政策的研究、市场培育与产业转化政策的研究和国际要素整合与产业链融入政策研究。

现有关于战略性新兴产业创新政策的研究还需要进一步深入，把握微观企业创新激励的特点，通过对战略性新兴产业创新政策的评价和研究，来制定和调整更加合适的扶持政策，从而提升企业的创新激励，提高创新政策的实施效果。

二 研究意义

战略性新兴产业是以重大技术突破为基础的，科技创新对于战略性新兴产业的发展起着至关重要的作用。创新驱动是中国经济"新常态"下的新动力，战略性新兴产业的创新驱动更是拉动中国经济增长的重要引擎。研究战略性新兴产业的创新政策离不开对微观企业特征的研究，从而完善培育发展战略性新兴产业的创新政策体系，这无疑具有重大的理论意义及实践价值。

1. 战略性新兴产业是中国经济新常态的创新驱动引擎。中国经济正在进入一个增长动力切换和发展方式转变的"新常态"。2014年中央经济工作会议提出，经济增长必须让创新成为驱动发展的新引擎。2014年11月，习近平总书记在亚太经合组织工商领导人峰会的发言中首次阐述中国经济"新常态"，指出了"新常态"在速度、结构和动力三个方面的特点，其中动力是指"从要素驱动、投资驱动转向创新驱动"。2015年，战略性新兴产业增加值占国内生产总值比重达到8%左右，产业创新能力和盈利能力明显提升。新一代信息技术、生物、新能源等领域一批企业的竞争力进入国际市场第一方阵，高铁、通信、航天装备、核电设备等国际化发展实现突破，一批产值规模千亿元以上的新兴产业集群有力支撑了区域经济转型升级。2015年3月李克强总理在《政府工作报告》中指出，要增加研发投入，促进服务业和战略性新兴产业比重提高、水平提升，加快培育新的增长点和增长极，实现在发展中升级、在升级中发展。

2. 技术创新是战略性新兴产业发展的内在动力。战略性新兴产业是以世界高新技术为基本支撑的新兴产业,技术的高端性和不确定性是产业发展的重要特征。因此,是否拥有持续高效的技术创新能力是维持战略性新兴产业发展活力的必要条件。从近年来的发展来看,我国战略性新兴产业取得了突出性成绩,在一些领域的关键技术取得了突破性进展,一批技术达到了国际领先水平。然而,我国战略性新兴产业掌握的核心技术仍然不足,许多核心技术仍然受制于其他发达国家,需要进口关键材料和设备等。由此可见,科技创新能力不足仍然是困扰我国战略性新兴产业发展的主要障碍之一。

3. 企业创新能力的强弱已经成为了一个国家创新能力和竞争力的关键因素。企业是一国创新体系中最具生命力的因素,也是多数国家的创新主体。中国的创新政策改革过程的一个重要的变化就是企业成为了创新的主体。因此对战略性新兴产业创新政策的研究离不开对企业创新行为和创新激励的研究。自熊彼特提出创新理论以来,企业属性对创新的影响一直是理论和经验研究者重点关注的热点问题,如企业规模的大小、进入的先后、垄断者还是竞争者、国有企业还是民营企业等等。企业属性将企业划分成不同的类型,经济学家擅长通过理论和经验研究讨论到底哪种类型企业的创新激励更大。由此可见,虽然说创新行为具有企业的个体特征,但是却与企业的不同属性有着密切的关系,因此按企业的类型研究其创新激励一直是创新理论研究的重要方法。然而与以往文献所研究的企业属性相比,战略性新兴产业中的企业包含着新的属性。在国家大力发展战略性新兴产业的大背景下,许多企业纷纷涌入战略性新兴产业,在进入之前有的企业是传统企业,有的则是新建立的企业。本书按照进入战略性新兴产业的企业其不同的来源,通过理论和实证研究考察这两种类型企业的创新激励差异。同时,外部创新对企业内部创新具有怎样的作用,也是本书探讨创新政策的视角之一。

4. 有效的政策评价为战略性新兴产业的政策设计提供依据。战略性新兴产业的发展对于各级决策者来讲是一个全新的课题,一个全新的发展方向。中国战略性新兴产业发展的起始条件、要素结构、实际水平和环境状况，决定了其发展不能脱离国家宏观政策的引领和支持，尤其需要加强战略性新兴产业的政策制定和衔接。对于选择好政策着力点、配置好政策资源、运用好政策手段，具有重要的现实价值。本书将着力对现有战略性新兴产业创新政策进行评价，力图破解战略性新兴产业创新政策这一关键命题。

5. 政府创新政策的设计为战略性新兴产业的发展提供保障。战略性新兴产业投资大、风险高、回收期长的特点，使得资金制约成为技术研究、市场化和产业化等多个产业发展环节中的关键性障碍。在战略性新兴产业发展初期，财政资金及其引导带动的社会资本能够直接缓解产业发展资金不足的问题，但在资金投入渠道、资金投向、资金使用环节、资金使用方式以及使用效率等多方面还存在着诸多现实问题，在拓宽产业发展资金来源的同时，如何有效进行资金的分配、管理和运作是当前需要重点关注的领域。面对战略性新兴产业，如何依据各个细分产业特殊的经济技术特征，进行区别对待、重点扶持？怎样才能更好地配置政策资源，最大限度地发挥政策保障、扶持和引领作用？这些问题都需要进行细致调查、系统研究和深入论证。

由此可见，在中国经济新旧动能转换的背景下，从微观企业的创新激励特点出发，探讨战略性新兴产业创新政策的作用机理，不仅有助于战略性新兴产业相关理论研究的深入和丰富，同时为破解当前战略性新兴产业发展所面临的技术困局寻求可行途径，最终提出中国战略性新兴产业培育发展创新政策体系的改进建议，为各级政府的科学决策提供理论支撑与政策思路，这是本书研究的意义所在。

第二节　相关概念界定

一　战略性新兴产业

2012年7月出台的《"十二五"国家战略性新兴产业发展规划》指出：战略性新兴产业是以重大技术突破和重大发展需求为基础，对经济社会全局和长远发展具有重大引领带动作用，知识技术密集、物质资源消耗少、成长潜力大、综合效益好的产业。七大战略性新兴产业包括节能环保、新一代信息技术、生物、高端装备制造、新能源、新材料和新能源汽车产业。2016年11月国务院发布的《"十三五"国家战略性新兴产业发展规划》提出，进一步发展壮大新一代信息技术、高端装备、新材料、生物、新能源汽车、新能源、节能环保、数字创意等战略性新兴产业。从规划可见，战略性新兴产业的涵盖领域增加了数字创意产业。为准确反映"十三五"国家战略性新兴产业发展规划情况，满足统计上测算战略性新兴产业发展规模、结构和速度的需要，国家统计局发布了战略性新兴产业分类（2018），规定了战略性新兴产业包括：新一代信息技术产业、高端装备制造产业、新材料产业、生物产业、新能源汽车产业、新能源产业、节能环保产业、数字创意产业、相关服务业等9大领域。该分类与之前的文件相比又增加了战略性新兴产业的相关服务业。

综合国家规划和理论界观点，战略性新兴产业具有新兴性和战略性两个特征。

其一，新兴性特征。国内外研究成果从不同角度对新兴产业下了定义。Michael Porter（1990）在《国家竞争优势》中将新兴产业界定为新出现的或传统产业提升而形成的产业，它的产生源自科技创新、相对成本结构变化和新的市场需求；国内经济学家苏东水（2000）则认为，新兴产业是技术层次尚在萌芽阶段，符合长期经济发展趋势，并在未来具有较强竞争力的产业群聚；而史忠良、何维达（2004）则在此基础上指出，新兴产业应能够迅速引入技术和组织创新，符合经济发展的先进性要求，并具有趋于上升的地位和影响力。肖兴志（2011a）综合了已有的新兴产业的研究结论，将新兴产业的内涵总结为四点：创新性、需求性、成长性和盈利性。创新性指技术和商业模式的创新。技术创新指的是代表国际科技发展前沿，并在未来具有广阔的技术提升空间和突破的可能性。商业模式创新则指的是新的产业组织形式、企业组织形式和经营管理方式应体现未来发展趋势，与国际先进商业模式接轨。需求性指的是产品要有前景可观的市场需求。作为新兴产业成长的重要保证，市场需求尽管可能在新兴产业发展的初期尚未凸显，但随着消费者对新产品认知度的不断提高，市场需求在长期应呈现出不断增加的趋势，并涌现出越来越多的商业机会，从而使得新兴产业的生存能力不断增强，后发优势不断凸显。成长性指的是新兴产业具有巨大的发展和成长空间。这种发展空间体现在两方面，一是能够迅速吸纳先进技术、实现较高的增长率，以成为未来的支柱产业；二是能够对经济发展产生较强的带动作用，甚至推动新一轮产业革命的发生。盈利性指的是该新兴产业具有良好的技术经济效益和长期盈利特征。新兴产业在培育初期往往需要投入大量资本，只有当后期收益足以弥补前期的成本时，新技术和新产品的研发对企业而言才有利可图，新兴产业才能顺利成长。所以，盈利性也是新兴产业竞争力的体现。

其二，战略性特征。战略性包含四点：全局性、长远性、导向性和动态性。全局性指的是战略性新兴产业关系经济社会发展的全局并为之做出重大贡献，其中，对经济发展的贡献表现为关系到国家的经济命脉和产业安全，能够促进国民经济发展与产业结构的转变；对社会发展的贡献则表现为能够增加就业机会，广泛提高人民的收入水平和生活质量。长远性指的是产业的增长潜力对经济社会发展的贡献是长期的。一方面，表现为该产业具有良好的长期效益；另一方面，表现为在发展上具备可持续性的特征，即资源能耗低，符合低碳、环保的先进理念。导向性指的是产业的发展方向与政府的政策导向、未来的经济发展重心是一致的。即一方面要体现国家的竞争优势，通过科技创新来提高国家综合实力与国际地位；另一方面要具有较高的关联度和趋于上升的辐射力，在发展自身的同时带动传统产业的改造与提升。动态性指的是产业的发展能够根据时代的变迁和环境的变化做出调整。战略性新兴产业发展以重要技术突破为特征，而重大科技的创新常常伴随着较高的风险性，与此同时，资源、市场、政策等因素的不确定性也为产业的发展带来了挑战。因此,战略性新兴产业只有能够根据复杂多变的客观环境做出灵活调整,才能避免外界的干扰,为国民经济社会发展起到支撑和推动的作用。

二 创新政策

国际上对创新政策的专门研究主要是从20世纪70年代开始的。自20世纪90年代起,创新政策开始被认为是对创新体系发挥作用并促进创新水平的重要手段。创新体系理论强调的是创新体系内包括的不同因素并且这些因素之间存在学习型的交互作用。关于创新政策的概念,许多学者给出了解释,见表1-1。

表1-1　　　　　　　　不同学者对创新政策的定义

学者	创新政策的定义
Rothwel & Zegveld（1981）	产业政策与科技政策常常存在着交互影响,他们将产业政策和科技政策合称为"创新政策"
OECD（1982）	创新政策需要将科技政策与政府的其他政策,尤其是产业政策,包括能源、教育和人力资源形成一个有机的整体
王胜光（1993）	创新政策是鼓励和推动新技术或设计在工业企业应用,把新发明和构想物化成经济效益的政策。创新政策是科技政策与经济政策融合发展的结果,主要涉及科技、教育和企业等三大领域,并往往最终表现为财政和金融上的支持
Wegloop（1995）	将政府引导和促进产业科技创新发展的政策总体称为创新政策
连燕华（1999）	技术创新政策是一个政策体系,是国家为促进技术创新、规范技术创新行为而采取的各种直接和间接的政策与措施的总和。它不是技术政策与科学政策的结合,也不只是产业政策的一个子集,而是涉及技术创新活动的各种政策的有机组合而形成的一个政策体系
Arnold et al.（2001）	创新政策的主要目的是优化创新体系内的不同因素的交互作用,如创新政策可以为基础研究、应用研究、融资和需求这些因素创造更加有利于创新的环境和条件

续表

学者	创新政策的定义
Lengrand et al. （2002）	第一代创新政策的基础是创新线性过程；第二代创新政策认识到了创新系统的复杂性，重视创新系统（国家、区域、部门等层面）中创新的产生和扩散。第三代创新政策的显著特点是：将创新放在各个政策领域的中心位置（如研究、教育、竞争、区域、贸易、金融等政策），强调不同政策领域之间的协调行动
Lundvall & Borras （2005）	科学政策、技术政策、创新政策是不同的，但存在交叉和重叠。科学政策聚焦于产品和科学知识，技术政策聚焦于部门技术知识的推进和商品化，而创新政策关注的是经济的整体创新绩效
中国科学技术委员会	创新政策是一国政府为了规范创新主体的行为而制定并运用的各种直接或间接的政策和措施的总和

从诸多文献对于创新政策的定义和讨论来看，创新政策的含义包含以下几个要点：其一是创新政策是一个政策体系，涉及多个政策领域，如科学政策、技术政策、产业政策等；其二创新政策是一个整合的体系，它并不是多个政策的简单相加，而是将多种相关的政策进行有机的整合形成的；其三创新政策强调了政策的作用对象，亦即创新政策包含了促进技术创新活动的所有相关的政策措施。由此可见，创新政策侧重于引导有效技术的供给和需求，促进技术转移和扩散，创新政策是一个既不同于科学政策、技术政策和产业政策，但是又与科学政策、技术政策和产业政策存在密切相关关系的政策体系，它包括科学政策、技术政策、产业政策以及财政、税收、金融等政策的相关部分。科技政策是政府为促进科技的发展所采取的各种政策的总和，科技政策包括侧重基础研究的科学政策，以及侧重产业技术应用研究的技术政策。科技政策包括：建立创新的环境、提供研发资金、发展制造技术、加速技术转移、协助产业进行教育与培训、谨慎选择关键产业与技术等。广义的产业政策指的是政府为了促进经济增长、改善产业结构、加强国际竞争力而介入产业活动的一切政府政策总称，泛指政府运用的各种财政、税收、金融、贸易等政策工具，直接或间接的介入产业活动以引导产业发展和结构调整的政策的总称。创新政策、科技政策和产业政策的关系如图1-

1 所示。可以说，创新政策的关注点已经从过去科技政策所关注的科学知识产生和产业技术进步等转移到了整个经济体中创新过程所涉及的各个部门，而且更加强调创新系统的制度和组织层面要素（Fagerbergetal.，2005）。

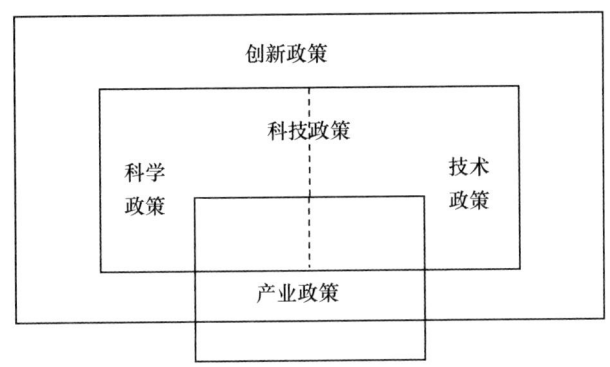

图1-1 各项政策关系的示意

三 传统转型企业与新生企业

通过企业的同质性假设，新古典经济学把企业看作是完全同质的追求利润最大化的生产者，从而证明在资源配置中价格是唯一有效的协调机制。交易成本经济学坚持在新古典经济学的分析框架内考察企业，因此对企业的本质和行为的分析存在着重大的缺陷。事实上，作为经历历史发展的有机体和长期内部知识与能力积累的结果，现实的企业并不是同质的，而是异质的。

自熊彼特提出创新理论以来，企业类型对创新的影响一直是理论和经验研究者重点关注的热点问题，如企业规模的大小、在位者还是新进入者、垄断者还是竞争者、国有企业还是民营企业等等。在国家大力发展战略性新兴产业的大背景下，许多企业纷纷进入战略性新兴产业，这些企业之中有的在进入之前属于相关或者不相关的传统领域，有的则是成立时就进入战略性新兴产业。本书按照企业的不同来源将进入战略性新兴产业的企业分为两类：传统转型企业和新生企业，分别考察两者不同的创新激励特点。当然本书也会涉及按照不同分类标准划分的企业类型，如企业规模的大小、不同子产业中的企业、在位企业还是新进入企业等，但主要的视角还是基于传统转型企业和新生企业的分类视角。不同的企业类型表现出不同的创新特点，因此政府需要针对其不同创新特点制定差异化的创新政策。下面对于传统转型企业和新生企业的划分标准进行具体界定和阐述。

自从战略性新兴产业的国家战略提出后，中央和地方政府出台了多项政策对战略性新兴产业的发展进行扶持，许多企业也纷纷进入战略性新兴产业。为了研究战略性新兴产业企业的不同来源与创新政策差异化问题。本书按照企业的不同来源将进入战略性新兴产业的企业分为两类：即传统转型企业和新生企业。我们定义的传统转型企业指的是，在进入战略性新兴产业之前从事相关传统产业的企业，其生产的传统产品与战略性新兴产品在同一市场销售，存在替代关系，比如，一家原来从事汽车生产的企业进入了新能源汽车领域，一家原来从事传统材料生产的企业进入了相关的新材料领域。新生企业包含两类企业，一类是在成立时就进入战略性新兴产业的企业，另一类企业本身是传统企业，但其在进入战略性新兴产业之前从事的是完全不相关的领域，即该传统企业生产的传统产品与其生产的战略性新兴产品不在同一市场销售，不存在替代关系。如一家从事房地产的企业进入了新能源领域，或是新成立的一家新材料企业，这些企业则属于新生企业。可见，传统转型企业和新生企业的主要区别在于该企业是否具有所进入产业的相关技术基础。

肖兴志（2011a）认为培育战略性新兴产业的途径可分为两种：一是扶持完全独立的新兴产业，即通过新的技术发明生成全新的科研成果，并形成一个与以往产业完全不同的新产业；二是在改造传统产业的基础上发展新兴产业，即通过高新技术等手段将传统产业结构不断优化升级，以衍生出符合先进理念的新兴产业。"战略性新兴产业"中的"新"的含义表明它既可以是完全独立产生新产业的"新"，也可以是对传统产业进行改造升级后的"新"，即通过升级改造传统产业中的某些环节或者是注入新的技术手段，使某些资源经过整合、优化从而流向战略性新兴产业。贺俊，吕铁（2012）也认为战略性新兴产业的发展可能是由于既有技术经过"适用性的创新改进"或"技术融合"拓展了更加广阔的产业空间，也可能是因为一项新兴技术在成功应用到新的市场以后获得迅速的完善和发展。因此新兴产业和传统产业的成长路径并不是完全独立并行的，既有技术和新兴技术、传统产业和新兴产业的交叉融合是战略性新兴产业培育发展中的一种重要模式之一。由此可见，战略性新兴产业的形成路径可以是通过技术融合改造传统产业，也可以是通过技术跨越形成完全独立的新兴产业。

四 内部创新与外部创新

从创新源的角度可以把企业创新划分为内部创新和外部创新。这里所说的内部创新是以创新企业的发明和开发活动为基础的。内部创新是公司依赖自身资源和能力而自我实现的产品和服务提供，其测度方法一般是 R&D 投入之类的创新投入和专利活动等创新产出结合起来应用（Ahuja & Katila，2001）。外部创新则是从其他组织的开发活动获得灵感，或者是基于其他组织已经开始进行的研发，企业随之继续创新进程，直至把新产品引入市场（柏林科学技术研究院，2006）。内部创新有助于自身核心技术的掌控，然而外部知识获取能力对企业创新能力及市场竞争力的迅速提高同样至关重要。外部创新提倡最大限度地利用外部资源，允许企业外部的创新主体参与创新过程，以求改善企业的创新绩效、达成创新目标。

玄兆辉（2016）认为企业主要通过三种途径实现外部创新：一是通过专业化网络获取学术部门的知识，二是通过与竞争者建立联盟，三是通过投资的形式创建或收购风险企业。本书从外部创新的视角讨论战略性新兴产业的创新驱动，主要针对企业的技术引进和并购行为对企业创新绩效的影响。

第三节　研究内容与结构安排

本书主要分成以下四大部分：第一部分为第1章。这是全书的研究内容的铺垫部分，主要阐述了本书的选题现实和理论背景、研究意义、研究对象和研究内容，归纳了研究方法和主要创新之处。通过阐述选题背景和意义提出本书所要研究的主要问题以及研究的意义所在。研究内容主要介绍逻辑结构与内容安排。研究方法部分将本书所用到的研究方法归纳为若干种，并说明了这些方法分别在哪些研究部分用到。最后对本书在理论和政策研究中所作的可能的贡献进行了归纳和梳理。第二部分为第2、3章。第2章为国内外研究综述。第3章为本书理论基础的分析阐述。第三部分和第四部分是本书的核心部分，第三部分包括第4、5章，第四部分包括第6、7、8章。第三部分是对中国战略性新兴产业创新政策的历史演进和现状进行评价，其中政策评价部分包括对战略性新兴产业创新政策体系的定性分析和定量分析相结合的政策评价。定性评价方面，梳理了战略性新兴产业不同类型扶持政策的特点；定量评价方面，主要运用了倾向得分匹配分析法和双重差分法相结合的方法来进行政策效果检验。第四部分是基于企业类型和外部创新视角考察了企业层面的创新激励，为创新政策的研究提供了微观基础。基于实证分析的基础上还进行了更具有针对性的案例分析。第五部分为第9章。这一部分作为全书的总结部分，提出了对战略性新兴产业创新政策的优化建议。

第四节　研究方法与主要创新点

一　研究方法

如何选择合适且多样化的理论与实证研究方法对于经济学研究具有非常重要的作用和意义。本书将力求规范研究和经验研究相结合，利用国内外对所研究问题的研究成果和理论基础，联系中国战略性新兴产业的发展实际，并力求逻辑与历史方法相结合。在研究的理论基础和政策评价等内容中，贯穿了演进和发展的研究视角，以及唯物辩证的方法。

（1）演绎与推理相结合

本书以产业经济学、计量经济学、发展经济学、演化经济学、博弈论、财政学和管理学等多学科理论为基础，基于企业类型和外部创新的视角下战略性新兴产业创新政策进行了理论和实证研究。在以往相关文献建立的理论基础之上，对其进行分析梳理，从而阐述了本书所研究问题的理论基础和研究内容。

（2）计量经济学方法

本书在实证分析部分运用了多种计量经济学方法来得到研究结论，其中主要运用了面板数据模型、面板双重差分模型进行计量分析。其中，在对战略性新兴产业政策效果的评价中，采用了倾向得分匹配法（propensity score matching，简称PSM）和双重差分法相结合的实证方法，这两种方法也是政策评估研究中经常被使用的方法。在研究战略性新兴产业中传统转型企业和新生企业的创新激励差异的问题时，利用了固定效应面板数据模型分析了进入时机、企业规模等因素对两类不同企业的影响，然后通过Bootstrap组间差异检验的方法检验了传统转型企业和新生企业的分组回归系数在统计上是否存在显著差异。在考察外部创新对企业创新激励的影响时，主要采用了面板Tobit模型、负二项回归等模型进行计量分析。这些计量经济学方法主要是通过Stata计量分析软件来实现的。

（3）博弈论研究方法

在产业组织学的理论研究中，博弈论俨然已经成为了其重要的分析方法和研究工具。为了考察战略性新兴产业中传统转型企业和新生企业的研发创新激励特点，本书运用了博弈论中序贯博弈的研究方法，建立了传统转型企业和新生企业的两阶段研发博弈模型。通过逆向归纳法，首先求解博弈模型的第二阶段子博弈均衡，然后将第二阶段子博弈均衡解代入到第一阶段子博弈中，从而求出该博弈模型的均衡解。

（4）案例分析的研究方法

近年来中国的战略性新兴产业已经有了一定的发展，但是对于七大战略性新兴产业来说，每个具体产业都有其特有的发展情况和特点。因此，战略性新兴产业的细分产业的发展实践创造了许多具有典型意义的企业创新与政府创新政策扶持的个案。本书选取了战略性新兴产业中的细分产业，采用案例研究方法对其进行深入解析，从而探究这些具体产业的发展特点和政策情况，力求为培育战略性新兴产业提供一定的借鉴作用。

二 主要创新点

学术界对于战略性新兴产业的创新驱动以及政策扶持体系的研究积累了一定的成果，研究范围覆盖了诸多问题。然而对于区别于传统产业的战略性新兴产业具有自身的明显特征。战略性新兴产业的发展中所出现的新情况和新问题对经济学理论提出了新的要求，因此本书进行的研究在理论和实证两个方面均做了一定创新性的尝试。可能的创新点主要有：

（1）紧密围绕支持战略性新兴产业培育发展的创新政策体系，结合我国国情特点和实践经验，深入剖析中国战略性新兴产业发展中的创新政策的现实问题，丰富和完善战略性新兴产业发展的创新政策理论和作用机理。坚持学术研究和现实问题的双导向原则，着力破解制约战略性新兴产业发展的技术创新政策现实瓶颈问题，为我国战略性新兴产业培育发展实践提供科学的理论依据。

（2）针对中国战略性新兴产业发展中的现实问题，从企业进入战略性新兴产业不同来源的新视角，将企业划分为传统转型企业和新生企业，对这两类企业的创新激励差异进行理论和实证研究，并将其创新激励差异与战略性新兴产业创新政策联系在一起，提出了战略性新兴产业创新政策的差异化问题。也就是说，如果政府所制定的创新支持政策如果"千人一面"、"一刀切",那么创新政策很大程度上不能充分发挥其刺激创新的作用。

（3）把握企业外部创新与内部创新的关系,基于外部创新的视角探讨企业创新激励的问题。外部创新对战略性新兴企业的技术创新具有重要的作用,因此基于企业外部创新的视角探讨战略性新兴产业创新驱动的理论与实证研究,以及基于企业外部创新的扶持政策建议是本书的创新点之一。

（4）在实证研究方面,本书针对微观企业层面的数据,也就是上市公司年报所披露的数据,通过计量经济学的实证方法有效评价了中国战略性新兴产业扶持政策的总体状况,并运用重复抽样的统计方法检验了传统转型企业和新生企业的创新激励差异,为政府相关部门制定和实施战略性新兴产业创新扶持政策提供了有针对性的政策建议。

第二章　国内外研究综述

第一节　战略性新兴产业创新政策效果评价的文献述评

战略性新兴产业创新政策的制定和优化离不开政策效果的评价。学术界对于战略性新兴产业扶持政策的效果进行了丰富的研究，其中探讨各项政策对企业创新影响的研究也较为丰富，并且以实证研究为主。

对于战略性新兴产业总体政策是否促进了企业创新方面的研究相对较少。有些学者通过研究得到了肯定的结论，如逯东、朱丽（2018）研究发现战略性新兴产业政策的实施促进了企业的发明创新，但这一影响主要表现在市场化程度较低地区的国有企业中，而在非国有企业中均不显著；邢会等（2019）研究发现战略性新兴产业政策促进了企业实质性创新（发明专利），但不同层面政策效果各异，供给面和需求面政策促进了企业实质性创新，而环境面政策却诱发了企业迎合性创新；张杨勋（2020）研究发现总体上战略性新兴产业政策显著促进了新材料产业的创新产出，产业政策的创新效应在新材料产业具有比较优势的省份相对更大，在不具有比较优势的省份相对较小且存在滞后性。然而也有学者的研究发现战略性新兴产业扶持政策没有对企业创新起到促进作用（姜晓婧，2014），究其原因，可能是该论文受到数据的限制（采用的数据截止到2011年），而战略性新兴产业扶持政策自2011年开始密集出台，且政策可能存在一定的滞后性，因此在实证检验中没有发现积极的政策效果。还有学者通过对生物医药上市公司为研究对象,以创新数量(专利申请总数)和创新质量(发明专利申请数)度量创新绩效,实证结果表明战略性新兴产业政策显著抑制了企业创新绩效,但在对三种产业政策实施路径选择机制的回归结论来看,战略性新兴产业政策通过信贷机制对企业创新绩效产生显著的推动作用。从这些研究的实证模型来看,都采用的是双重差分模型,或者是基于倾向得分匹配的双重差分模型。

许多学者针对战略性新兴产业的特定政策进行了政策效果的评价,关注的焦点集中在财税政策上,尤其是对政府补贴的研究居多。这些研究多数采用战略性新兴产业上市公司的样本进行了实证分析。然而在研究结论方面存在着较大差异,下面通过一些代表性文献梳理了以下三种研究结论。一是政府补贴对企业创新的正向影响。陆国庆等(2014)研究发现,政府补贴会正向促进战略性新兴产业的形成,与此同时在企业创新方面也会产生积极的作用。吕晓军(2016a,2016b)研究发现,政府补贴能够激励企业增加创新投入和创新产出,并且市场化进程越高的地区,政府补贴对企业技术创新投入和创新产出的激励作用越显著。二是政府补贴对企业创新的负向影响,但得出这一研究结论的文献较少。桂黄宝、李航(2019)研究发现政府补贴对企业绩效具有负向激励作用,政府补贴对非国有企业创新绩效的影响大于其对国有企业的影响。三是政府补贴对企业创新的非线性影响。一些学者发现政府补贴对于企业创新的影响并非简单的正向影响或者负向影响。傅利平和李小静(2014)研究发现,政府补贴在企业创新过程中起到明显的信号传递效应,长期来看政府补贴与创新投入、创新产出呈倒U型关系。翟海燕等(2015)研究发现,在短期内政府补贴会促进企业创新投入,但是这种激励的作用是有限的,随着时间的推移,在长期内这种激励作用十分有限。武咸云等(2016)研究发现政府补贴与企业创新投入之间呈倒U型关系,政府补贴超过临界点后,进一步提高补贴会部分或完全挤出企业创新投入,但目前政府对企业平均补贴率仍然较低。李香菊、杨欢（2019）研究发现财政补贴和税收优惠政策能有效激励企业增加研发投入，但财税政策的激励作用具有一定时滞性，财政补贴有利于企业短期技术创新，对于长期创新激励不足，而税收优惠政策对于企业短期和长期技术创新均有激励作用。从这些研究的结论来看，多数文献发现战略性新兴产业的财税政策对企业创新起到了积极的作用，然而也有很多文献指出了政府补贴要把握合适的度，当补贴超过了临界点则会一定程度的挤出企业创新。

除此之外，也有学者研究了战略性新兴产业政策不确定性对企业创新的影响，南晓莉、韩秋（2019）研究发现政策不确定性抑制了企业研发投资。还有许多学者基于文本研究的方法，对战略性新兴产业政策进行了梳理和评价，这些文献往往按照一定的维度将政策进行分类，如"产业发展维度"和"政策支持维度"（孙蕊、吴金希，2015），"供给型政策"和"需求型政策"（朱艳鑫等，2016），"政策工具维度"和"政策功能维度"（周城雄等，2017），"政策制定依据—政策作用对象—政策实施机制"三个维度（盛朝迅，2018），"政策工具—产业价值链"维度（李瑞，2020）。通过对政策的分类梳理，指出现行政策存在的问题并提出相应的政策建议。

第二节　企业类型与政府创新政策的文献述评

一　企业异质性与企业行为

演化经济学存在一个潜在的争论，就是企业行为是由产业特征决定的相似性，还是 Leiponen & Drejer（2007）等人强调的企业异质性。演化经济理论的一个重要组成部分就是企业进行不同的学习活动，运用不同的方法来创新，因此不同的企业表现为不同的绩效（Nelson，1991；Nelson，1995；Winter，1984）。然而在演化经济学研究中一些学者们也一直在追求一些对比，以证明在同一行业中企业有着相似的知识基础和特点，因此在同一产业演进背景下的企业倾向于追求的相同的创新战略（Nelson & Winter，1982；Malerba & Orsenigo，1996；Breschi et al，2000；Malerba，2005）。

在新古典经济学的假设中，企业被认为是同质的，并且技术是作为外生性的因素在企业之间进行分配。而产业组织理论和经济增长理论则重视某个产业内企业间的异质性。事实上，微观的经验研究模型结果已经否定了企业的同质性假设，并且包括产业间和产业内的企业行为和绩效差异等企业异质性在许多经验研究中已经被普遍的证实（Demsetz，1973；Monteverde & Teece，1982；Mueller，1986；Cubbin & Geroski，1987；Jensen & McGuckin，1997；Cefis，2003；Hawawini et al.，2003）。因此，企业间的异质性和多样化公司的识别，已经成为很多现代企业行为和绩效研究的核心主题，并使得战略管理和经济学研究差距的缩小（Rumelt et al.，1991）。为什么企业之间存在差异以及这些差异会影响什么，经济学家正在从更广阔的理论视角来探讨这些问题。关于企业异质性的经济研究中的一个主要的研究分支是对企业异质性与其创新绩效关系的研究。在这个研究视角下，企业在研发创新上存在能力的差异。企业内部特征的不同，尤其是不同的学习方式和资产积累方式极大地影响了企业研发新产品和工艺创新的能力。另一个企业异质性的表现是，当经济出现某些信号或冲击时，企业的应对措施不同，如企业表现为进入市场的不同时机、开发不同的技术创新能力以及形成不同的投入产出效率（Jensen & McGuckin，1997；Kogut & Zander，1992）。正是由于企业之间不同的选择和行为，所以在同一产业内的企业会展开不同的发展路径。由此可见，企业异质性成为了技术进步理论中的一个重要的因素（（Nelson，1991；Dosi，1988）。Barros & Nilssen（1999）研究了针对企业异质性的产业政策，具体来说就是研发补贴和税收政策应该如何差别对待具有不同研发效率的企业，这篇文章通过数理模型推导出了最优的研发补贴和税收政策。

二 企业类型与创新政策

关于企业类型与创新政策关系的文章，主要集中于企业规模与创新政策差异以及在位企业、新进入创业企业的创新政策差异这两个方面。

企业规模与创新政策差异，集中体现在对中小企业的创新扶持政策上面。中小企业由于缺乏规模效应、市场竞争力弱小、融资成本昂贵、无形资产稀缺等不利因素，外部融资十分困难。研究显示，将近20%的被调查中小企业将缺少资金作为最重要的障碍（Solow，1956）。小企业具有诸多优势，如适应性强、专业化程度高、服务灵活以及其在创新方面的重要作用，在新兴产业中占据着重要的地位，美国的经济学家们曾在70年代对小企业所显示出的优势进行了大量的研究分析，结果显示，以单位美元投资计算，小企业在研发活动中获得的专利要远比大企业的高。美国全国私人工业企业的研发经费总额的95%被1000名雇员以上的大、中型企业所占有，然而，占全国私人工业企业研发经费不到5%的小企业，其发明与创新却占了整个工业企业发明与创新的半数。可见小企业的发展关系着新兴产业的发展。因此，发达国家20世纪中期以后开始非常重视小企业的发展，并制定和实行了许多保护和支持小企业发展的政策。

在位企业、新进入创业企业的创新政策差异。由于研究表明，在位企业更倾向于进行维持性创新，而新进入企业更倾向于进行破坏性创新，但是虽然创业企业在组织结构上适合于破坏性创新，但是从经营资源来看，它又是非常贫乏的，必须要面对"死亡之谷"的威胁，在通过销售收入获得正的现金流以前，通常需要几年的时间（比如根据Bygrave和Timmons相关研究，美国157个创业企业达到收支平衡点所需的平均时间是30个月，到收回最初的投资（累积收支平衡点）所需要的平均时间是75个月），如果在这段时间内，企业不能从内部（产品销售）或外部筹措到下一步所需要的资金，那么产品无论在技术上如何先进、在市场上如何受欢迎，企业都将不得不面临破产的威胁。而且通常是企业发展越快,所需筹措的资金越多。所以说在这个时期,对于创业企业来说,最大的问题就是能在必要的时间内筹措到必要的资金。因此,学者们普遍认为政府需要通过创业投资基金来支持新进入的创业企业进行投资创业。

第三节 外部创新视角下战略性新兴产业的创新驱动因素

一 技术引进对企业创新的影响研究

学术界关于技术引进对自主研发投入的影响效应分析主要分两类观点：1. 对立性。技术引进对自主研发产生替代效应。但有些学者认为这种替代效应只是短期的（Lee，1996；王伟光等，2015），技术引进资金不会长期挤占研发投入。还有研究认为只有在低技术工业企业中二者体现出替代关系（孙建、吴利萍，2009），这说明技术水平的高低也会在一定程度上影响技术引进和自主创新之间的关系。对立性还体现在，对技术引进的路径依赖削弱了企业自主创新的动力（张永成、郝冬冬，2009；肖黎明、袁敏，2014），因为技术引进的短期效益高，投入比自主研发少，所以企业有依赖技术引进的倾向，从而减少研发投入。2. 耦合性。在高技术产业中，国外技术引进和国内技术购买与研发投入之间存在互补关系。技术引进使企业通过消化吸收先进技术，提高研发能力，从而有利于推进自主创新；自主创新带动企业积极学习，引进更先进的技术，弥补自身的不足。但仍有研究对二者之间的替代或互补关系持怀疑态度，肖黎明、袁敏（2014）将企业自主创新分为四阶段，认为只有当四阶段的所有因素都能满足自主创新要求时，技术引进和自主创新之间才表现为互补关系，否则技术引进可能在任意阶段挤出研发投入，所以二者之间没有确定的替代或互补关系。产生上述分歧的原因可能是研究的样本不同或者选取的方法存在差异。

学界针对技术引进对创新效率的影响也有大量研究。普遍观点是技术引进和自主研发共同促进了高技术产业技术效率的提升（吴延兵，2008；肖兴志、谢理，2011；彭峰、李燕萍，2013），但也有一些观点认为技术引进对创新能力的影响不显著（赵志耘、杨朝峰，2013），存在滞后现象（王伟光等，2015）。

从总体来看，以上分析基于的理论基础不尽相同，主要的理论基础包括宏观经济学的内生增长理论、产业组织理论、管理学的公司治理理论以及系统动力学等方面。理论基础的不同可能使研究结论有所差异。

以往文献主要采用面板数据进行计量分析，从数据来源方面看，一些文献采用省级高技术产业数据，有的采用大中型工业企业数据，还有文章搜集了制造业上市公司的数据。总体上，采用高技术产业和大中型工业企业数据的文献较多，而直接运用战略性新兴产业上市公司数据的较少。

针对技术引进对创新效率的影响，其分析方法总共分为两大类，一种是纯理论的规范分析，一种是经验分析。在经验分析中又以计量模型为主，其中主要包括OLS、固定效应模型、随机效应模型、Tobit模型、VAR模型、GMM等等。从目前已有文献来看，运用Tobit和GMM方法的居多，因为这些模型可以更好地解决内生性及样本受限等问题，使估计更为准确。

二 并购对企业创新的影响研究

并购对企业创新绩效的影响，中外学者并没有达成共识，许多学者从不同的领域研究了并购对企业创新绩效的影响，多数文献对该问题进行了理论分析或案例分析，运用计量模型进行经验研究的文献相对较少。从所研究的行业来看，多集中于制造业、医药行业或者其他类型的高科技行业，对于战略性新兴产业的研究较少。虽然直接相关文献较少，但上述领域的文献为本书的研究提供了有益参考。

从研究结论来看，一些学者研究发现并购会影响企业R&D的投入产出，并购后由于双方知识技术的互补性，会激励并购方增加研发投入,促进企业创新绩效的提升。这些学者从以下几个方面分析了影响的机理。其一,协同效应。詹森和罗贝克(Jensen & Ruback,1983)发现提高企业效率是企业并购的主要动因,横向、纵向、混合并购都可以产生协同效应,当双方存在效率差距时,并购可以提高目标方的效率水平,得到价值增值。其二,减少交易费用。布雷斯曼(Bresman et al.,1999)认为企业通过并购能够避免过高的交易成本,直接获取难以转移的技术资源。格罗斯曼和哈特(Grossman & Hart,1980)发现资产专用性较强的纵向并购有助于减少套牢和投资不足,从而减少交易费用,转而增加研发投入,提高企业创新绩效。其三,学习效应。芝山(Shibayama et al.,2008)认为企业不可能在管理、技术等所有方面都擅长,基于知识基础观的并购更能促进企业创新绩效。弗梅伦和巴克马(Vermeulen & Barkema,2001)发现并购不仅可以使企业更新、扩大原有的知识存量,而且能够避免对原有知识重复利用所导致的组织惰性和能力刚性,提升企业突破式创新的能力。

也有学者研究发现,并购是对企业内部研发的替代,从而挤出公司原有的研发费用,降低企业创新绩效。主要的分析基于以下几个方面。其一,信息不对称。巴尼(Barney,1988)研究发现并购方可能为了搜集信息,挪用大量研发费用,甚至为了保证并购成功进行借债,增加了公司负债率,导致研发投入减少。哈佩斯拉格和杰米森(Hapeslagh & Jemison,1991)发现由于信息的不对称,会使并购方的整合和学习方向产生偏离,导致并购后难以实现协同效应。其二,吸收整合困难。李小芳(2017)认为并购后的整合是一项极其重要且困难的工作,它涉及企业的各个部门,如果不能很好协调,将影响技术的吸收和转移。邓(Deng,2010)发现并购后企业自身研发能力的薄弱使得无法吸收被并购方的技术,在耗费企业大量资金、人力投入后仍没有任何技术层面的创新突破,也影响了企业其他项目的研发投入。其三,代理问题。郎等(Lang, et al.,1991)发现与向股东支付股利相比,管理者更倾向于实施回报率低甚至为负的并购活动,这种类型的并购不仅挤出研发费用,更会降低公司创新绩效。

学术界关于并购对企业创新绩效影响做了大量研究，分析方法主要有理论分析和经验分析。在经验分析中，以计量模型为主，主要运用负二项回归、多元回归模型进行分析。从研究样本来看，国外经验研究样本的选取以美国企业为主，并购数据主要来源于企业公开发布的并购公告等相关信息，国内研究选取以中国上市公司为主的面板数据。从研究对象来看，一些学者采用高科技上市公司作为研究对象；也有学者选取的是制造业上市公司的数据。

通过对上述文献的梳理可见，国内学者对于并购研究的主题集中在并购动因、并购模式、并购后整合过程、某些企业的并购案例分析等方面，并且研究集中在财务绩效方面，关于并购对企业技术创新绩效影响的研究稍显不足。国内学者多从管理学的角度分析并购，缺乏经济学理论基础。对于企业来说，并购的目标往往是多重的，并购很可能产生多方面的协同效应，如技术协同。

第三章 相关理论基础

第一节 创新政策的理论概述

一 不同经济学派的创新政策主张

对于创新政策的主张,不同学派提出了不同的观点并进行了不同的阐释。主要的学派包括新古典经济学派、新熊彼特学派和国家创新体系学派。

新古典经济学派是认为由于技术创新市场上存在"市场失灵",因此政府干预技术创新过程有其合理性。阿罗(Arrow)认为"市场失灵"是指技术创新活动对整个社会的边际价值不等于私人部门的边际价值,从而导致了自由市场在资源配置上的非最优情况。技术创新过程中的"市场失灵"包括公共品、创新收益的非独占性和外部性三个主要原因。公共品指的是技术创新的产出具有一定的公共品性质,其中基础研究是一种典型的公共品,如果完全依靠私人部门的投资,则必然会导致投资的严重不足。创新收益的非独占性指的是知识的溢出效应使得技术创新的私人收益小于社会收益,降低了私人部门的创新动力。外部性指的是技术创新活动对社会带来了正的和负的外部性。由于以上这些原因,新古典经济学派主要政府针对"市场失灵"进行干预,通过政府投资、政府补贴、税收优惠和知识产权保护等措施,缩小社会收益和私人收益之间的差距。然而,新古典经济学家将技术创新过程看成一个"黑箱",他们并没有打开黑箱,而是认为运行良好的市场机制会自动使这个黑箱运行良好并达到最优,政府的作用就是关注并纠正"市场失灵"。

新熊彼特学派承袭了熊彼特创新理论,认为技术创新政策是一个由科学、技术和市场三者相互作用构成的复杂过程,非常强调技术创新在经济增长中的核心作用。新熊彼特学派对技术创新过程这个"黑箱"进行研究并揭示了其中的运行机制,从而提出了许多著名的技术创新模型。他们主张政府对创新过程的各个环节进行政策的支持,强调促进技术创新的扩散政策。

国家创新体系的概念最早由弗里曼(Freeman)提出,伦德瓦尔(Lundvall)深化了这一理论。国家创新体系指的是政府、企业、大学、科研机构等组织之间的结构和网络,这些组织的创新活动之间存在的相互作用决定了一个国家知识与技术扩散的能力,影响着一个国家的创新绩效。国家创新体系学派的创新政策主张有两个主要的特点:一是认为创新绩效的障碍除了"市场失灵"还存在"系统失灵",即当国家创新体系的结构存在缺陷的情况;二是他们强调了提高企业创新能力是政府创新政策的核心目标。

二 战略性新兴产业政策扶持的必要性

新兴产业所使用的新兴技术往往具有很高的不确定性,因此也就必然具有高风险性的特征,许多国外学者认为新兴产业需要政府的政策扶持。其中两个重要的理论包括:幼稚产业保护理论(infant industry argument)和战略利基管理理论(Strategy niche management)。

幼稚产业保护理论主要基于国际贸易理论的分析,它是由美国经济学家 A. 汉密尔顿提出的,之后丹尼尔·雷蒙德(Daniel Raymond)丰富和完善了这一理论。该理论认为政府需要对新兴产业采取过渡性的保护和扶持。这是因为,新兴产业还处于弱小的阶段,容易受到外国竞争的冲击而夭折,政府应该通过适当的保护措施,从而尽快提高新兴产业的竞争能力。

战略利基管理理论提出需要为新兴产业提供一个独立于现有制度环境的保护性空间，建立"利基市场"。"利基"最初被定义为"a way of earning living"，即可盈利的市场空白。肖特等（Schot et al., 1994）进一步指出，利基从本质上讲就是"孵化室"，在其中通过把私人资源和公共资金结合将创新型企业培养起来。战略利基管理理论认为，成功的技术创新需要一个有效组织的社会—技术"实验"。在实验的过程中，政府需要通过政策工具如创新合作平台的建设、财税金融等扶持政策将各个利益相关者聚集在一起，从而形成一个扶持性网络体系，在体系内所有利益向观众可以彼此交换新兴的技术信息、知识和经验。由此就产生了一个互动的学习过程来深入认识新技术的可行性、市场期望、技术发展的社会环境等，从而达到培育和发展新兴技术的目的（Hoogma et al., 2002；Marjolein & Romijn, 2008）。在保护性空间中的"实验"为新技术创造了一个"试样市场"。在"试样市场"中，新兴技术还在实验室阶段就将各类市场参与者联系在了一起。当新兴技术的孵化过程进行得顺利，"利基市场"将会发展起来。技术创新在利基市场中能够维持其商业性并获得利润，并最终汇入主流市场。

国外的新兴产业政策支持理论，为新兴产业发展提供了强有力的理论基础。然而，对于后发国家的新兴产业来说，除了面临与发达国家相同的阻碍因素之外，还面临着跨国公司对国内市场的技术封锁和市场控制等更多阻碍因素，因而如何建立起一套支持后发国家新兴产业发展的创新政策体系，则需要结合后发国家的国情进行深入的探索。自从战略性新兴产业的国家战略提出之后，国内学者对战略性新兴产业的政策扶持做了大量研究，尤其是创新政策的研究。国内学者对于政府对战略性新兴产业的创新扶持政策的必要性基本达成了共识，并从不同的理论视角出发阐述了政府创新政策扶持的必要性。

刘澄等（2011）从幼稚产业保护理论视角出发，认为战略性新兴产业具有广阔发展前景，并且是对国民经济发展具有战略性意义的重要产业领域，但由于新兴市场发展不够成熟，市场主体仍很弱小，因此需要通过政府产业政策的扶持和促进，才有可能成长为国民经济的先导产业和支柱产业。王建彬（2006）从产业生命周期的视角出发，通过调查研究，运用多变量分析方法，发现了产业在导入期对政府创新政策需求最高，其次是衰退期，再次是成长期，而成熟期最低。郭晓丹、何文韬（2012）从战略利基管理理论视角出发，认为战略性新兴产业在发展初期，政府制定的创新政策需要有别于常规的"技术推进"的培育方式，而是需要通过建立技术创新活动的"保护性空间"来实现产业扶持方式从"起点"向"全过程"的推进，这才是提高战略性新兴产业产业规模和竞争力的有效的政策工具。具体来说，政府应通过技术试验、市场试样和市场推广环节构架产业发展的"保护性空间"。

三 技术创新动力源框架下的创新政策

自从索洛（Solow）提出的科学技术对经济发展起着至关重要作用的观点得到了广泛的认同，19世纪60到70年代兴起了对技术创新源动力的争论，是科学技术的发展还是市场需求的变化能够更大地影响技术创新的方向和增长率。这一争论可以说是技术推动论与需求拉动论的争论。

1. 技术推动论。技术推动论的核心思想是科学技术的进步决定了技术创新的方向和速度。在美国曼哈顿计划获得成功之后，布什（Bush，1945）提出了著名的"战后范式"，其中的技术推动论对之后的研究具有较大的影响。许多学者都阐述了技术推动论的思想，这些观点的共同特点是都认为知识的演化路线是这样的过程：基础研究——应用研究——产品开发——商业产品。多西（Dosi，1982）将这一推理的要点又进行了总结，他认为技术创新过程具有如下几个明确的特征：科学在技术创新过程中日益增加的重要性，使长远眼光成为必要性的技术创新的复杂性，R&D与技术创新产出之间的强相关性，以及技术创新过程所固有的不确定性。然而对于技术推动论也同时有一些批评的意见。这些批评意见包括，认为技术推动论忽略了影响能够技术创新收益的价格因素以及其他经济条件的变化，认为技术推动论只注重技术创新过程各阶段的单向关系而忽略了反馈、交互作用等因素。技术推动论的后续发展包括"能力推动论"和"技术系统论"。"能力推动论"强调了异质的企业层次能力是企业在追求特殊技术路径的能力的变化，因此企业必须在科学知识方面进行投资，从而提高企业吸收知识能力以及获得技术发展中所形成的机会（Cohen & Levinthal，1990）。"技术系统论"强调技术系统内要素的相互关联性（Frankel，1955），部门之间知识要素流动的重要性（Rosenberg，1994），以及系统瓶颈所引发的"技术强制力"（Rosenberg，1969）。

2. 需求拉动论。20 世纪 50—60 年代兴起的需求拉动论认为市场需求驱动了技术创新的方向和速度。市场条件的变化出现了尚未得到满足的需求，企业出现了通过技术创新的投资来满足尚未得到满足需求的机会，也就是说，需求引导着企业去为解决某些问题而进行技术创新（Rosenberg，1969）。能够影响企业技术创新投资的收益规模，如要素相对价格的改变、需求的地理变异、潜在需求的识别、潜在新市场的识别等。如在能源技术方面，传统能源的价格变化不但影响对现有工艺进行技术创新的需求（Lichtenberg，1986），而且也引发了对替代能源的技术创新需求（Popp，2002）。对需求拉动论的批评观点包括三个方面。其一，由于实证研究对"需求"的定义是不一致的，所以"需求"的概念被认为过于宽泛（Chidamber & Kon，1994；Kleinknecht & Verspagen，1990；Mowery & Rosenberg，1979）。其二，"需求"能够较好地解释渐进性技术创新，但是却不能解释突破性技术创新（Mowery & Rosenberg，1979）。其三，需求拉动论关于企业能力的几个假设是非常不现实的，如企业如何能够从几乎无限多的人类可能的需求中有效地发现"尚未显现的需求"，企业具有足够多的技术储备来解决预期会出现的需求的多样性，企业能够冒着高度的风险打破现有的"惯例"从而满足尚未被满足的需求（Simon，1959）。

3. 推拉观点。技术推动论和需求拉动论各有缺陷，技术推动论不能解释市场条件的变化,而需求拉动论则忽略了科学技术能力,因此从供给和需求两个方面来解释技术创新都是必要的。但亚瑟(Arthur,2007)提出并不能简单地认为技术和需求两方面因素对技术创新均有贡献,这两方面因素还会存在互相影响和作用。莫厄里和罗森伯格(Mowery & Rosenberg,1979)认为技术推动和需求拉动对于技术创新的产生是必要的但并不是充分的。类似的,克莱因克内希特和维斯贝根(Kleinknecht & Verspagen,1990)发现施穆克勒(Schmookler,1962)的研究中的统计异常使得研究结果低估了需求的作用,因此技术推动和需求拉动相结合的作用是非常重要的。弗里曼(Freeman,1974)通过对40项技术创新的调查研究,发现成功的技术创新显示出了将技术机会与市场机会衔接并耦合的能力。帕维特(Pavitt,1984)则指出了产业的特定属性会对技术推动和需求拉动的相对重要性产生重要影响。

技术创新的源泉是技术推动和需求拉动两方面的作用,从这个框架出发政府创新政策同样可以从这两个方面促进企业创新能力的提升。也就是说,政府鼓励创新的政策既可以是通过降低创新的成本来促进创新即技术推动创新政策,也可以通过提高创新的回报来促进创新即需求拉动创新政策。

通过降低创新的成本来促进创新即技术推动创新政策主要包括:政府发起的研发活动,政府通过对企业的研发活动给予税收优惠,促进机构间的知识交流,对教育和培训的资金支持,对示范工程专项投入等。通过提高创新的回报来促进创新即需求拉动创新政策主要包括:知识产权保护,对新技术购买者的税收优惠和税收返还,政府采购,技术授权,技术标准,对相互竞争的技术征税等。

第二节 企业类型与政府创新政策关系的理论分析

一 企业类型与技术创新的关系

一般认为,美籍奥地利经济学家熊彼特(Schumpeter)最早提出了创新的概念，他在1911年出版的德文版《经济发展理论》一书中首次使用了"创新"一词。1928年，熊彼特在其首篇英文版论文《资本主义的非稳定性》(*Instability of Capitalism*) 中首次提出创新是一个过程的概念，并在1939年出版的《商业周期》(*Business Cycles*) 一书中比较全面地提出了他的创新理论。熊彼特认为所谓"创新"就是企业家通过对现存生产要素的重新组合，建立一种新的生产函数，实现创造性的破坏，从而获得超额利润的过程。熊彼特归纳了五种创新的形式，但实际中的创新研究主要以技术创新和制度创新为主。日本学者後藤晃 (2000) 认为技术创新是企业成功地导入新制品或新的生产方法的过程。傅家骥等 (1998) 认为，技术创新是企业家抓住市场的潜在赢利机会，以获取商业利益为目标，重新组织生产条件和要素，建立起效能更强、效率更高和费用更低的生产经营系统，从而推出新的产品、新的生产（工艺）方法、开辟新的市场、获得新的原材料或半成品供给来源或建立企业的新组织，它是包括科技、组织、商业和金融等一系列活动的综合过程。关于技术创新的定义，最早来自于相关政府部门对技术投入的评价与研究，则可以追溯到OECD (1993) 的表述：技术创新包括新产品和新工艺，以及原有产品和工艺的显著技术变化。根据该定义，OECD认为企业或者其他主体如果在市场推出了新的产品，那么创新就完成了（事实上这属于产品创新）。1999年8月20日公布的《中共中央、国务院关于加强技术创新，发展高科技，实现产业化的决定》将技术创新定义为"企业应用创新的知识和新技术、新工艺，采用新的生产方式和经营管理模式，提高产品质量，开发生产新的产品，提供新的服务，占据市场并实现市场价值的活动"。为了对创新进行深入研究以及有针对性地对相关政策与策略的研究，各国学者根据不同的标准和维度将创新进行了不同的分类。

1. 渐进性创新与突破性创新

根据创新过程中技术变化强度的不同，创新可以分为渐进性创新 (Incremental Innovation) 和突破性创新 (Radical Innovation)（Mansfied,

1968；Freeman，1977）。渐进性创新是对现有技术改进引起的渐进的、连续的创新，能充分发挥已有技术的潜能，并经常能强化现有的成熟型公司的优势。突破性创新是指技术有重大突破的技术创新，它常常伴随着一系列渐进性的产品创新和工艺创新，并在一段时间内引起产业结构的变化（傅家骥等，1998）。

20世纪80年代，英国苏赛克斯大学科学政策研究所（SPRU）将技术创新按照其重要性分成四种类型，这四种类型包括：渐进性创新、突破性创新、技术系统变革和技术—经济范式变革。渐进性创新是以技术改进为主，是由渐进的和连续的小创新构成的，它常常由工程师、操作人员和用户来完成。由于这种创新具有低研究成本、灵活和广泛性，所以它所产生的效益对生产、消费的影响很大。突破性创新是以观念性突破、存在着较大的不连续的创新。它通常由企业或者专门的研究机构完成，产品创新、过程创新和组织创新相互影响，创新的结果导致产业出现变化，一般会推动产业扩张。技术系统变革是以具有深远意义的技术变革组成一系列创新，影响的不是一个部门，而是若干个部门，可以产生若干个新兴产业，形成技术上相关联的创新群和大量的根本性创新。技术—经济范式变革对社会产生广泛而深入的影响，能够改变所有部门和人们的行为方式，形成若干个技术体系的变革。范式（Paradigm）的概念最早是在1962年由美国著名哲学家托马斯·库恩在其代表作《科学革命的结构》一书中提出的。库恩指出："范式是一种公认的模型或模式"，"范式的概念是为了说明——在科学实践活动中某些被公认的内在规律和科学理论等为科学研究提供了模型和解答"。1982年，创新经济学家多西将"范式"引入到对技术创新的研究中，从而提出了技术范式（Technological Paradigm）的概念。他将技术范式定义为：解决所选择的技术经济问题的一种模式，而这些解决问题的方法立足于自然科学的原理。多西认为每一种技术都被其技术范式所支配，技术范式规定着技术要解决的任务，技术的根本不同实际是技术范式的不同。1986年，弗里曼和佩雷斯在继承多西"技术范式"的基础上，提出了"技术经济范式"这一术语用来描述被广泛传播的技术通过经济系统影响企业行为和产业的现实。

2. 维持性创新与破坏性创新

渐进性创新和突破性创新的分类方法由于只考虑了技术维度，单纯以技术进步的程度来考察创新，因此这种分类方法有时无法解释创新类型与市场之间的关系。哈佛商学院教授克里斯滕森（Christensen）认为对创新的分类应该加入创新对市场的影响这个维度，因此可以将创新分为"破坏性创新"（Disruptive innovation）和"维持性创新"（Sustaining innovation）。Christensen 认为维持性创新并不一定属于渐进的或微小的变革，它可以是重大的技术突破，也可以是非连续的创新。维持性创新的共同点在于：它们按照主要市场中大多数用户历来重视的那些方面来改进已定型的产品性能。即使极为困难并且极为重大的维持性创新却极少引起在位企业的突然失败。而破坏性创新给市场带来的价值却截然不同于维持性创新。克里斯滕森（Christensen）认为，一般而言，破坏性创新在刚出现时，它的性能也许比主流市场上已定型的产品要差，但是它们具有少数激进的（一般是新的）客户喜欢的特性。克里斯滕森（Christensen，1997）通过磁盘驱动器、机械挖掘机、钢铁冶炼等诸多行业的兴衰过程的深入考察，将技术创新与市场创新成功地融合在一起，从而提出了破坏性创新理论以解释每个行业普遍发生的奇特现象——强大的在位企业在某些技术变革发生时，常常会因裹步不前而直到被淘汰。

罗伯特（Robert Veryzer，1998）区分了企业的"技术能力"与"顾客感知价值"两个维度去衡量一项技术是否属于破坏性创新。他认为，破坏性创新必须符合两个基本条件：其一，技术发展是非连续的，即破坏性创新与原有技术相比必须基于新的技术范式；其二，破坏性创新必须带给客户新的感知价值。2003 年，克里斯滕森（Christensen）进一步拓展了破坏性创新理论，他认为破坏性创新不仅包括技术上的革新,还应包括商业模式的创新和客户价值提供方式的创新,只要这些创新能够满足从非主流市场演进最终颠覆原有主流市场,改变竞争规则的特点即可。图什曼和罗森科普夫（Tushman & Rosenkopf, 1992）认为破坏性技术创新是改变通常技术范式的科学发现,它为新的更具有竞争力的产品提供基础。由此可见,蕴含着破坏性创新的技术革命会对整个行业的发展进行重新的洗牌,甚至催生新兴产业的出现。

那么破坏性创新与突破性创新存在怎样的区别？孙启贵等（2006）认为破坏性创新与突破性创新在三个方面存在着不同:（1）分类的标准不同。早期的创新分类是以技术特征为基础的,着眼于现象层次,只能解释特征与结果之间的相关性;新的分类以市场环境为基础,能够发现现象背后的本质性的因果关系原理。（2）研究的主要目的不同。突破性创新主要用于分析整个经济系统的演进规律,而破坏性创新则主要用于分析单个企业失败或成功的原因。（3）研究的核心视角和维度不同。突破性创新的核心视角和维度是技术,主要是指基于科学发现原理具有重大经济意义而言的;而破坏性创新的核心视角是市场细分和价值体系,并不一定伴随技术突破,主要是指将破坏性商业模式与现有技术进行组合,它以经济效益作为评价尺度,可能会引起新进入企业的成长和在位企业的衰败。

3. 企业类型与创新类型的关系

企业类型与创新类型理论的关系主要讨论的是不同类型的企业是否倾向于进行某种特定的创新类型。

渐进性创新和突破性创新的创新类型划分与企业类型的关系。从企业规模的角度来看,熊彼特最初认为小型的创业企业最可能成为创新的源泉（Schumpeter, 1934）,然而他在之后的研究中又提出大型在位企业由于具有垄断势力以及资金和人力资本等多种优势,因此更可能成为技术进步的推动力量（Schumpeter, 1950）。从企业是在位企业还是新进入企业的角度来看,新古典经济理论认为当一个产业被突破性创新改变时,在位企业会被新进入企业所代替,这是因为新进入者具有更大的策略性激励去投资突破性创新。Henderson（1993）通过对光刻对准设备行业数据的研究发现，正如新古典经济学家所预言的，在位企业和新进入企业相比对于渐进性创新投入更多，而对于突破性创新的投入则明显少于新进入者。尽管一般来说不同企业会采用不同的创新路径，但是不同创新类型的企业的创新路径仍然受到产业生命周期的影响（Klepper，1997；Utterback，1996）。根据产业生命周期理论的观点，如果企业属于一个成熟的产业，那么企业应该更倾向于进行渐进式的产品创新，（Klepper，1997）。另一方面，在产业生命周期的早期阶段，企业应该更倾向于进行突破性创新（Klepper，1997；Utterback，1996）。

维持性创新和破坏性创新的创新类型划分与企业类型的关系。克里斯滕森（Christensen，1997）在对硬盘驱动器行业发展史进行研究时发现，几乎所有提高现存产品的性能方面的创新都是由在位的大企业完成的，比如增加硬盘驱动器容量的创新；而那些改变现有价值网络的创新则几乎是由创业企业完成的，比如使得硬盘驱动器小型化的创新。他在之后又对其他行业的情况也进行了深入的研究，他发现这种现象也普遍存在于其他行业之中。于是他提出了在位大企业擅长于维持性创新，而创业企业则擅长于破坏性创新的观点，而且他还研究了形成这一规律的原因。这一规律的原因是由破坏性创新产品的特点决定的。通过对大量案例的分析和研究，Christensen 发现破坏性创新产品在其发展的初期主要有三个特点，一是破坏性创新产品相对于主流产品而言其价格更低，利润率也是相对较低的；二是按照主流评价标准来看，破坏性创新产品的性能明显低下，因此它不能被主流市场的消费者所接受；三是在破坏性创新产品由于在其他某些方面存在一定的优势，所以它可能被一些非主流市场的消费者所接受，但是其市场规模却相对较小。从在位企业的立场来看，其选择商品化的研发项目的标准包括高利润率，市场占有率大、风险性小等。所以对于在位的大企业来说，为了生存和发展，他们会最大限度地满足市场主流消费者的需求，根据这些需求来选择研发项目。克里斯滕森（Christensen，1993）认为，在位企业的规模和增长要求迫使它寻找足够大且需求较为明确的新产品或新业务，而破坏性创新在引入初期无法具备这样的条件，因此在位企业不会对其进行尝试并大张旗鼓地向新业务要求的组织结构转变。厄特巴克（Utterback，1994）认为破坏性创新在引入初期，带有极大的技术不确定性和市场不确定性，人们无法预料它是否会成为主导技术，是否会带来一个巨大的市场容量。因此出于审慎投资的考虑，在位企业不会过早地引入破坏性创新。因此，其结果就是在位企业不断的通过进行维持性创新来提高其产品的性能。由此可见，在位的大企业一般不会将资本投向破坏性技术的研发创新和商品化。但是对于创业企业情况则大为不同，创业企业往往在主流产品方面没有在位企业的优势和较为稳定的客户需求，因此它们会更加关注于进行破坏性创新。这也是由于创业企业存在通过破坏性创新赶超在位企业的可能性。所以，我们看到的结果往往就是在位企业专注于维持性创新，而创业企业则会抓住一切资源和机会进行破坏性创新。破坏性技术是改变通常的主流产品或现存技术范式的科学发现，它为新的更具竞争优势的产品提供了技术基础。在位的大企业通常能够很容易地引入维持性创新（Ahuja & Lampert，2001；Chandy & Tellis，2000；Srinivasan，Lilien & Rangaswamy，2002），却在引入破坏性创新方面存在着很大的困难（Christensen，1997；Christensen & Bower，1996；Tripsas & Gavetti，2000）。实际上诸多统计事实也支持这一结论。如Timmons（2006）发现，在第二次世界大战之后，在美国占所有创新50%的破坏性创新的95%是由创业企业实现的；在中国，65%的发明专利是由中小企业获得的，80%的新产品是由中小企业创造的（徐冠华，2006）。

以上是企业类型与创新类型理论关系的研究。如果我们把诸多学者的研究成果结合起来看，可以发现这样的结论：不同类型的企业倾向于进行不同类型的创新。

二 企业类型与技术演进的关系

许多学者对于技术是如何变化和演进进行了大量的研究。有些学者认为技术变化是伴随着由技术天才主导的自然事件产生的（Schumpeter, 1961）；有些学者认为技术变化是历史的必然产物（Gilfillan, 1935）；还有些学者认为技术进步是市场需求增加和经济增长的产物（Schmookler, 1966；Merton, 1968）。然而从对技术演进的历史的分析来看，以上这些观点并没有真正解释复杂的技术变化过程。通过对多个产业的案例研究发现技术进步是一个演进的系统，并且带有非连续的变化（Tushman & Anderson, 1986）。

1. 技术融合理论

一般认为，技术融合的概念最早可以追溯到美国学者罗森伯格（Rosenberg, 1963）对美国机械工具产业早期演变的研究。他发现相似的技术可以应用于不同的产业，也就是同一技术向不同产业扩散的现象，他把这一过程定义为"技术融合"。他认为具有技术融合特点的产业是19世纪的火器制造业、缝纫机制造业和自行车制造业。1978年美国麻省理工学院的尼古拉斯（Nicholas Negroponte）用三个重叠的圆圈来表示计算机技术、印刷技术和广播技术这三种技术的交叉部分，他认为这个交叉部分是增长最快、创新最多的地方（Brand, 1987），这也是这三种技术融合的部分。艾姆斯和罗数伯格（Ames & Rosenberg）（1997）指出，在工业经济发展过程中，最早出现的融合表现为技术融合。他们认为技术融合可以从生产过程和通用技术这两个角度来考察。从生产过程的角度来看，技术融合是指广义上相类似的新型生产过程被其他众多的产业所采用的过程，如车床在汽车产业和其他机械制造产业的使用。从通用技术的角度来考察，在20世纪，铁路运输和蒸汽机、机床等通用技术通过融合应用到了其他产业，并提高了那些产业的生产效率。雷（Lei, 2000）认为技术融合是指迄今为止不同产业分享其共同知识和相同的技术基础的过程，当不同产业技术的一体化（即共享的相同技术基础）显著地影响着或改变了另一个产业中的产品、竞争、价值创造过程的本质时，就意味着技术融合已经产生。

技术生命周期理论由佩雷斯和苏特（Perez & Soete）提出，他们认为,类似于产业生命周期理论,产业技术从出现到退出市场的这一过程也可以分解为四个阶段,第一阶段为技术导入期,第二阶段为技术快速成长期,第三阶段为技术缓慢成长期,第四阶段为技术成熟期,因此称之为技术生命周期。技术成长周期理论认为技术会从萌芽期,经过成长期、成熟期最终走向饱和或衰退期。在技术成长规律的作用下,新旧产业之间没有明显的间断式的产业跨越或新兴产业对传统产业颠覆性的变革,而是实现了新旧产业的融合。

2. 技术跨越理论

对于技术跨越的含义,许多经济学者给出了解释。技术跨越的概念是伴随着赶超(catching-up)概念的形成而提出的。作为技术跨越这一概念的早期提出者和倡导者荷兰学者 Soete(1985)在其发表的论文《技术的国际扩散、工业发展与技术跨越》中,通过对新兴工业化国家为主的多个国家的新的技术—经济范式的考察,提出了"技术跨越"的概念。他认为技术跨越是在技术发展路径上对某些阶段的省略和跳跃,是一种非常规的技术发展方式。英国苏塞克斯大学科技政策研究所(SPRU)的霍布戴(Hobday,1995)等学者也对技术跨越这一领域做了大量工作。他们认为技术跨越是一种选择性的技术前进,是对低级技术的快速提升,是后进国家超越发达国家的一条捷径。纳瓦兹沙里夫(Nawaz Sharif,1999)在对技术预见进行研究时提出:"技术在其发展的过程中,从一个 S 曲线跳跃到另一个 S 曲线就是技术跨越。"并指出了技术跨越的前提是技术预见。可见,技术跨越理论认为,产业中的突破性技术创新会带来新旧产业间的跨越式发展,从而使得技术进步转到一个全新的或新兴的知识领域,并且出现完全不同于原来的新的技术范式(郭晓丹、何文韬,2012)。

图斯曼和安德森(Tushman & Anderson,1986)认为技术带有非连续的变化,也就是存在技术间断。技术间断或非连续(Technological discontinuity)指的是:技术的发展变化并不是一直连续性的发展变化,当一种技术接近或者还远离其技术极限时,在市场上可能会出现另一种或几种与旧技术相互竞争的新技术，这些新出现的技术在未来被证明具有更高的极限和更广阔的市场需求，从而最终取代了旧技术而占领市场。在历史上，从蒸汽机到内燃机，从电子管到晶体管，从螺旋桨飞机到喷气式飞机，从自然纤维到人造纤维，从留声机到录音机、再到激光唱机都属于典型的技术间断。可见技术间断是技术发展过程中不断出现的事件。

3. 企业类型与技术演进的关系

尼尔森和温特（Nelson & Winter，1982）认为，由于技术间断的存在，曾经给企业带来巨大经济利润的先进技术可能很快被更先进的技术所取代。而技术领先者由于有时会拘泥于曾给他们带来巨大利润的先进技术，也就在新的技术创新中放慢了脚步，所以他们有可能被后进企业或国家赶超和取代。可见，技术间断孕育着技术跨越的机会。这是因为在技术间断发生前某一技术处在渐进发展阶段，当时每家企业都沿着自身固定的技术轨道前进，企业的竞争优势和市场份额都在市场竞争的作用下缓慢地发生变化，具有一定的锁定性和路径依赖性，一般不会有太大的波动和变化。整个产业的市场结构因此相对较为稳定，并可能持续多年不变。然而，当技术间断发生时，市场的均衡状态被彻底打破，企业既有的各种能力和优势几乎丧失殆尽，因此所有的企业似乎又重新站在了同一起跑线上。那么此时那些能够把握先机，成功地开发新技术并且成功地跨越技术间断的企业，很可能成为以后新技术、新产业的领先者，而那些实力强大的既存技术的领先者，若看不到技术间断的存在，就会失去最佳的战略反应机会，也很难在以后的新技术竞争中保持领先的地位，甚至会损失其生存的空间。为什么技术间断孕育着技术跨越的战略机会？这主要是因为技术间断不是一种渐进的技术改变，而是根本的技术转变，是一种对技术范式的改变。而正是这种技术范式的改变给了企业实现跨越的大好机会。

三 传统转型与新生企业政府创新政策差异的理论分析

作为市场经济主体的企业是以利润最大化为目标的，企业需要通过提高产品质量、降低产品成本或者实行产品差异化来获得竞争优势，而创新则是实现这些目标的重要手段之一。由此可见，市场经济中企业是创新的主体之一。关于创新的大量研究表明，企业的异质性在很大程度上影响着企业的创新类型和技术演进类型，因此，为了提高战略性新兴产业政府创新支持政策的效率，对于企业类型与政府创新支持政策的能否实现最佳的匹配决定着战略性新兴产业政府创新政策的效果，从而也关系到战略性新兴产业的培育和发展。

政府对企业创新的支持政策需要了解企业自身的创新激励特点，从而有针对性地弥补企业创新激励的不足。企业作为活跃的科技创新主体之一，其研发活动是受利润驱使的。对于传统转型企业来说，一方面，它在其已有的传统产品上具有较为成熟的技术，并且投入了大量的沉没成本，因此企业往往不愿淘汰旧的资本与技术。另一方面，有些新兴产业与传统产业之间存在一定的联系，因此对于传统转型企业来说，它会比新生企业具有更多的资本和技术的基础。对于新生企业来说，其进入的战略性新兴产业是一个全新的领域，企业自身在该领域没有形成成熟的技术以及沉淀成本，所以为了尽快地实现生产并占领市场，往往会投入较多的研发资金。由此可见，企业在进入前不同的来源属性在一定程度上决定了企业的创新激励，传统转型企业与新生企业具有不同的研发激励。因此通过区分企业不同的研发激励特点，政府才能更有效地对企业实行创新支持政策。然而，现行的战略性新兴产业的政府创新基金政策并没有考虑进入战略性新兴产业企业的不同来源这一重要属性，因此将进入战略性新兴产业的企业按照其不同的来源划分为传统转型企业和新生企业对于理论分析和政策的指向都具有重要的意义。

从以上理论可以看出，一般来说，传统转型企业倾向于通过技术融合进入战略性新兴产业领域，而新生企业倾向于通过技术跨越进入战略性新兴产业，如图3-1所示。战略性新兴产业包含七大产业，每个产业的具体发展情况不尽相同。因此，需要根据每个产业的具体情况来选择合适的发展路径。

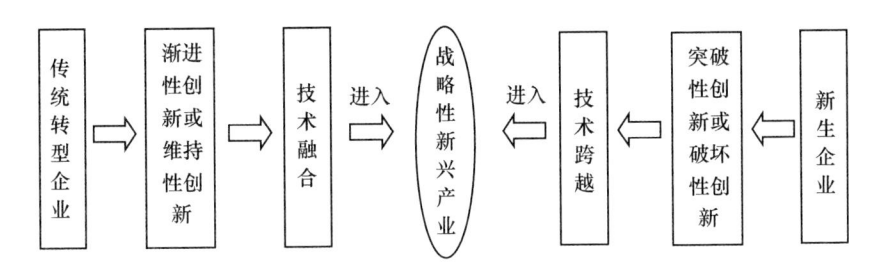

图 3-1 传统转型企业与新生企业进入战略性新兴产业的差异

有些产业的发展需要以传统产业作为基础，如高端装备制造业、新能源汽车产业等都是在传统产业的基础之上通过技术改造和融合形成的。选择在改造传统产业的基础上发展新兴产业的原因是，该产业所需的先进技术尚未发展成熟，难以独立发展，而它又恰好可以在传统产业的基础上衍生出来，所以短期内应当采取对传统产业进行升级改造的方式来发展该产业。然而，新兴产业与传统产业之间的关系并不是简单的替代关系。新兴产业与传统产业的关系需要根据具体的国情来确定，发达国家和发展中国家面临不同的情况。发达国家具有较为发达和成熟的传统产业，新兴产业可以较为独立地发展。而中国作为发展中国家，传统产业发展仍然不成熟，因此面临着传统产业技术升级改造和新兴产业培育发展的双重任务。新兴产业作为带动国家经济发展的新的经济增长点，代表着未来的发展方向；传统产业作为以往经济发展的重要支柱，是支撑经济发展的基础。由此可见，在新一轮技术革命的推动下，新兴产业的发展不能完全离开传统产业，新兴产业的发展可以通过新技术拉动传统产业的升级改造。

但是，战略性新兴产业以重大技术突破为特征，因此也需要颠覆原有产业中日渐衰亡的技术路线，从而开辟新的产业发展空间。由于某些新兴产业发展所需要的技术无法在传统产业找到关联点，这些技术与以往的技术相比具有非连续性，因此需要通过技术跨越形成全新的新兴产业。由此可见，传统转型企业和新生企业对于战略性新兴产业的发展都发挥了重要作用。

对于作为政策制定者的政府来说，创新政策的制定是其一大挑战。政府对企业创新行为的干预被证明是不完善的（Arrow，1962；Nelson，1959）。企业对于研发活动的投资不足是市场失灵的一种表现，是由于企业的研发创新不能完全得到相当的社会回报率。Gelabert et al.（2009）认为政府对企业研发创新的激励机制分为三种。第一种是通过政府投资建立的研究机构并将研发成果转让给私人企业；第二种机制是加强专利保护制度；第三种是通过各种财税政策对企业的研发创新进行刺激和引导，如税收优惠、研发补贴、政府低息或无息借款，从而降低企业研发创新的成本。OECD认为中国创新政策的一个主要的挑战就是如何将一个不协调的、零散的创新政策的制定方式向一个协调的、具有整体性的政府创新政策体系的转变；从"千人一面"的创新政策措施向针对具体情况精细调节、体现差异性的政策措施转变，从而为创新提供满足其政策需求的更为精巧且复杂的创新支持政策体系。由此，本书提出：战略性新兴产业需要针对传统转型企业和新生企业的创新激励差异实行差异化的创新政策，战略性新兴产业需要针对不同子产业的技术演进特点实行差异化的创新政策。

第三节　外部创新视角下战略性新兴产业的创新政策的理论分析

一　不同理论对企业外部创新的观点

（1）演化经济学的观点

演化经济学（Evolutionary Economics）这一术语最早是由美国经济学家凡勃伦在1898年的经典论文《经济学为什么不是演化科学？》中提出的，一般认为凡勃伦（Veblen）、熊彼特、马克思和马歇尔是演化经济学的先驱。以尼尔森（Nelson）和温特（Winter）在1982年出版的《经济变迁中的演化理论》为标志，现代演化经济学理论迄今已经发展了 30 多年，成为西方经济学的一个重要的创新学派。

演化经济学认为创新涉及一个企业与不同外部机构的交互式学习的持续的过程。尼尔森（Nelson）和温特（Winter，1982）认识到了创新过程的长期性和不确定性，认为创新能力不仅限于企业组织，强调了在组织外部寻求新技术对组织能力提高的重要性。蒂斯（Teece，1986）提出互补资产对创新成功的重要性。科恩（Cohen）和利文索尔（Levinthal，1990）认为利用外部知识的能力是促进创新成功的关键要素。由此可见，演化经济学重视企业通过外部创新提高自身创新能力。

(2) 创新网络学的观点

关于创新网络的内涵，弗里曼（Freeman，1991）赞同日本学者今井（Imai）和马场（Baba）的观点认为：创新网络是介于市场和科层组织之间的一种制度安排，进而认为网络架构的主要连接机制是企业间的创新合作关系。蔡坚（2016）总结了相关文献，认为学术界对创新网络内涵的理解基本达成共识，主要体现在：一是，创新网络的构成主体是存在分工与合作关系的企业、大学、研究机构、金融机构、中介机构、政府部门等；二是，主体之间的联系由正式的交易关系（分包、战略联盟等）和非正式的社会关系构成。三是，主体之间存在着信息交换、知识流动和资源转移，它是创新网络存在和发展演化的根本前提。

创新网络学认为创新需要积累通常以网络的形式连接起来的多种知识和技能资源。因此，在不吸取外部知识资源的情况下，企业无法提升自身的技术水平。创新网络是解决工业组织中研发过程复杂难题的一剂良药。最新产业经济学和创新理论的研究表明，日渐复杂的知识领域、不断加快步伐的知识创造以及日渐缩短的行业生命周期，是创新网络的重要性日益提升的主要原因。学习和知识创造机制对网络的诞生起着决定性的作用。在知识型社会中，知识是经济增长和竞争力的关键因素。与此同时，知识的使用量在日益增加，知识的创造和利用机制也在日益变化。在这种情况下，基于知识流动基础上的创新网络被视为新兴知识型社会的重要组成部分。

由此来看,创新网络学对于企业内部创新和外部创新的分析,认为企业的产品创新和工艺创新在很大程度上是依赖它与外部机构的联系,也就是相比内部创新,创新网络学更强调外部创新对于企业的关键作用。

(3) 开放式创新理论的观点

在 21 世纪之前,创新的范式主要是基于"创新需要控制的理念",即组织的创新活动应当严格控制在组织内部。研发往往被企业视为一种非常"有价值的战略资源",应当受到严格控制,即强调研发、生产、经营以及再创新均需要在组织内完成。这种曾被许多企业成功验证的创新模式,被切斯布罗夫(Chesbrough)称为"封闭式创新"(Chesbrough, 2003)。但进入 21 世纪之后,"封闭式创新"已经不能适应知识经济条件下技术创新的不确定性和资本全球化的发展趋势。其腐蚀性因素主要表现在:知识型人才仅在数量上剧增,而且流动性也变得越来越强。特别是风险资本市场的兴起、外部思想的可用性、大学等科研机构研究能力的提高以及供应商能力的增强,均导致传统的"封闭式创新"举步维艰。正如创新管理专家 Teece 所言,任何技术力量雄厚的企业不可能拥有创新所需的全部资源和技术,因此,企业在创新流程的选择方面需要超越自身边界,并结合内外部途径寻找广泛的创新资源。切斯布罗夫(Chesbrough, 2003)在提出开放式创新概念时便从资源视角指出了其两方面内容,即同时利用企业内外部创新资源和内外部商业化资源。在此基础上,Hastbacka(2004)为强调内外部资源和内外部市场的核心作用,认为开放式创新是企业综合利用内部、外部技术和创新思想,伴随投资、项目和生产的过程进入,同时可能通过向市场进行技术转让和资产分派,再由市场将信息反馈给研发部门的过程。维斯特和加拉赫(West & Gallagher, 2006)指出开放式创新是指企业系统地在内部和外部的广泛资源中鼓励和寻找创新资源,有意识地把企业的能力和资源与外部获得的资源整合起来,并通过多种渠道开发市场机会的一种创新模式。具体而言,"开放式创新"包括了"开放"和"创新"两部分。"开放"意味着创新资源不仅仅来源于组织内部，同时也包括了从组织外部来获取新的创意和资源；而"创新"则是指将好的创意进行商用或者收益的动态过程。

开放式创新特别强调利用企业的外部资源对于创新过程的重要性，这种创新范式使企业能够有效地利用内部和外部的全部创意。具体到企业研发管理流程而言，单个企业试图控制从技术研发到产品上市的整个价值链体系已经变得越来越力不从心。各公司不可能再完全依赖自己去进行技术研发创新。相反地，它们必须从其他公司或科研机构购入专利。在开放式创新条件下，大公司也不可能在所有技术领域都维持研究的努力，跟上技术变革的步伐。在历年的美国专利申请数量排行榜上，有许多名列前茅的著名企业，其产品所使用的专利技术只有1/3是来自本身的研发团队，另外约2/3则是通过授权、购买或交换等方式从外界所获得的。

由此可见，正如切斯布罗夫（Chesbrough，2006）指出的外部思想对创新过程的重要性，内部研发不再是曾经的战略资产，开放性创新理论同样强调外部创新对于企业的重要作用。

（4）创新源理论

创新源，指的是企业创新的源动力。Von Hippel将创新源分为内部和外部创新源两种。内部创新源是来自于内部研发和生产部门的创新想法；外部创新源是指那些来自于企业外部的可以为企业提供创新资源的实体。传统的观点认为，产品创新和技术创新来源于企业内部，创新可以单纯依靠企业自身。然而，希佩尔（Hippel，1988）对外部创新源进行了深入调查研究，在此基础上，提出了企业创新不仅可以来自企业内部，也可以来自供应商、客户、研究机构、大学、市场等方面，并将企业外部创新资源划分为国外的技术和竞争对手、政府和私人研究机构、用户和供应商、大学四类。OECD（2008）将外部创新源划分为7种，分别是用户、供应商、竞争对手、管理咨询公司、研究机构、大学及科研机构、政府和公共研究机构。对于外部创新源的种类，还有其他学者进行了多种划分。总体来看，企业的外部创新源具备多样性的特点。

自 20 世纪 70 年代开始，以麻省理工学院冯·希佩尔（Von Hippel）教授为代表的创新专家通过长期深入细致的调查、理论和实证研究，有力地推动了创新源理论的发展，越来越多的学者关注企业的外部创新源。科恩（Cohen，1990）和曼斯菲尔德（Mansfield，1998）认为大学是非常重要的外部创新源，许多产业在创新过程中高度依赖大学的研究成果、试验设备、人力资本和研究经验。贝尔德博斯（Belderbos，2004）研究证实在技术变革速度特别快的产业中，企业往往会选择与竞争者合作进行技术创新。国内学者陈钰芬和陈劲（2009）认为开放式创新更多的选择外部合作机构并依此来获取创新资源，其合作的对象主要包括用户以及供应商、竞争者以及非相关企业、大学或研究机构以及技术中介组织、知识产权机构以及风险投资企业和政府。

由此看来，创新源理论强调企业外部创新源对于企业创新的重要作用。

二 战略性新兴企业外部创新的重要性

战略性新兴产业的技术创新代表了国际科技发展的前沿，并在未来具有广阔的技术提升空间和突破的可能性。多数战略性新兴产业仍未形成主流的技术范式，产品的技术路线往往有多种选择，各种不同的技术轨道分散在各个企业中，而不同技术路线未来是否能低成本的产业化存在很大的不确定性，每一种技术轨道都有可能成为主流技术范式。如新能源汽车的电池技术、电子纸行业的电子墨水技术等等。因而各个企业自身积累形成的技术范式都有可能成为主流，并且技术的基础研究还需要大学和科研机构来参与完成。因此战略性新兴企业不应仅局限在企业内部的技术创新，还应该注重企业的外部创新，以及内部创新与外部创新的有机结合。这也解释了相对于其他产业来说，新兴产业中的企业采用技术联盟和许可进行创新合作的比重较大。

一些学者的研究也表明对于战略性新兴企业外部创新的重要性。如霍斯基森和布塞尼茨（Hoskisson & Busenitz，2002）认为外部创新发生在市场不确定和学习间隔比较长的时候。边池（Bianchi，2011）以生物制药行业为例指出在开放创新体系中技术联盟购买专利许可是三种较有代表性的创新治理模式。皮埃尔（Pierre，2015）认为药品的研发需要将内部创新与外部创新结合，从而改善企业创新绩效，外部创新应该成为药品开发长期发展的重要部分。刘等（Liu et al.，2019）的研究表明制药企业更多地依赖外部创新来提高他们的研究生产力，跨越学术界、行业和政府合作研究的创新环境非常有利于药物被成功的批准。

当然学者们也没有忽视企业内部创新的作用。如甘巴德拉和贾拉塔纳（Gambardella & Giarratana，2006）认为在重视外部知识资源重要性的同时，对内部知识的获取和管理也同样重要，在开放式创新模式下也是如此。科恩和利文索尔（Cohen & Levinthal，1990）、切斯布罗夫（Chesbrough，2003，2006）以及加斯曼和恩克尔（Gassmann & Enkel，2006）也都强调企业需要平衡从外部知识资源获利能力和发展与挖掘内部知识的能力。

三 外部创新视角下战略性新兴产业创新驱动的影响机理

本章主要从技术引进、并购两个方面，探讨外部创新对战略性新兴企业创新活动的影响机理。

1. 技术引进对企业创新的影响机理

企业通过两种方式进行自主创新活动，一是以自我知识累积为基础进行的自主创新，二是以技术引进为基础激发的自主创新。第一种方式属于企业的原始创新，第二种方式又被称为二次创新。当企业从国内或国外通过购买的方式引进一项成熟的技术后，该项技术对企业自主创新效率的影响并非一蹴而就，整个过程需经过若干阶段不断推进，最终实现企业技术引进的目标。这个过程大体分为四个阶段：驱动阶段、引进阶段、消化吸收阶段、再创新阶段。

首先，驱动阶段所提及的驱动力主要是先进技术和市场需求。根据技术差距论，我们了解到先进技术往往被发达国家所占有，而发展中国家拥有的通常是中间技术或落后技术，技术差距的存在使得发展中国家更容易看到先进技术带来的好处，因此发展中国家有很强的动力从发达国家手中引进先进技术。后发优势理论从边际生产力的角度出发，在国与国的基础上阐述了三方面内容：一是相对落后会激起后起国的紧张情绪，使其更有动力，加速技术追赶进程；二是后起国为了缩短追赶上先进国的时间，会寻找最适合自身发展的技术替代物；三是后起国可以引进先进国的技术，以实现技术水平飞跃。这两种理论同样适用于处于技术落后地位的企业，这类企业为了不被市场淘汰，只能加速研发进程，但由于研发能力限制和盈利需要，迫使他们在正式进入自主研发阶段之前，直接购置国内或国外的先进技术投入使用，因此技术引进可以看作企业提高创新效率的过渡阶段。在这一阶段，技术落后方可以利用后发优势模仿学习行业内的领军企业。根据供给需求理论，对于先进技术的渴望，很大程度上是因为现有技术已经无法满足日益增长的市场需求，所以市场需求从根本上驱动了技术引进。

第二阶段开始正式引进先进技术，该阶段的关键点在于引进对象的选择。首先，发展中国家引进的技术一定要先进于其目前掌握的技术，否则没有引进的意义。其次，根据适用技术论，引进的技术需符合国家发展的实际要求，与资源和环境相协调，能够切实提高人民生活水平。如果一味追求尖端技术，只会使后续发展疲惫不堪，最终不得不放弃。该阶段不涉及技术开发，因此技术引进仅能提高企业绩效，不能提高创新效率。此外，技术引进经费的增加在一定程度上挤出自主研发投入，抑制了企业自主创新。

第三阶段企业对外来技术进行消化吸收。虽然技术引进暂时提高了企业的发展水平，但如果不将这种先进技术转化为内在生产力，随着技术的革新，现在还称之为先进的技术很有可能在不久的将来被淘汰，而技术引进带来的种种好处只能是昙花一现。企业选择是否对引进的技术消化吸收，取决于制定的战略，如果未来企业旨在快速占领前沿市场，则需要充分掌握先进技术以获取行业领先地位。

第四阶段企业在消化吸收的基础上再创新。在经历上述三个阶段之后，企业充分享受到技术引进带来的优势，为了不造成资源浪费，企业需针对部分技术开展新产品研发，但首先要明确自身是否具备研发能力。研发能力包括资金投入、技术人员投入、技术水平等等，只有具备上述能力并且市场有足够需求量时，企业才能有相当大的把握成功进行自主创新。在该阶段，企业完全吸收了外来技术并进行自主研发，促进创新效率的提高。

2. 并购对企业创新的影响机理

（1）并购与企业创新绩效

从市场势力理论和产品生命周期理论来看，现代产品竞争日益激烈，产品更新换代周期大大缩短，为了抢占市场，提高利润，企业需要加快创新。并购是企业进行外部扩张的重要途径。传统的效率理论认为，并购可以提高企业的整体效率，产生协同效应，包括规模经济和范围经济等协同效应，而技术水平的提升也是协同效应的体现，企业通过并购产生技术协同与知识协同，从而提高创新能力。协同效应理论进一步指出，相关性并购更能提高企业绩效，如横向并购中，企业之间相关性较强，可以更好地获得生产、经营、财务上的协同，获得规模效应，提高创新能力和市场覆盖率。产业组织理论的相关研究也指出，在一个技术相关的市场中，并购可以使并购方获得 R&D 规模和范围经济，增加其市场实力，此时其 R&D 效率会得到加强，企业创新能力得到提升，同时也会降低由于创新的溢出效应产生的负外部性。在吸收了被兼并企业的技术资源后，新的技术、人才被融入新的团队，协同效应的存在可以使企业得到自身资源的优化配置，促使新旧技术在多种因素的推动下快速融合，产生更高的创新绩效，提高企业的核心竞争力。从交易费用理论来看，技术知识往往具有黏性，不易在企业间转移，因此通过并购减少了交易费用，使企业节省的成本转而增加研发投入。并购还可以提升企业的创新产出。霍尔（Hall，1999）认为，并购过程中投入大量的资金和人员，在对其进行整合后，可以降低研发风险和研发周期，使技术产生更高的产出。从学习效应来看，并购使企业扩大了知识存量，获取了被并购方已有的技术资源，从而有助于提升企业的创新绩效。

然而，并购也有可能抑制企业的研发创新。由于并购双方在谈判中存在信息不对称，可能产生较高的谈判、竞争等交易费用，从而挤占了研发支出。并购成功后整合的过程中存在的信息不对称也可能带来吸收的困难，阻碍企业创新绩效的提升。施莱费尔和维什尼（Shleifer & Vishny，2003）发现在与股东的抗争中，被并购方管理层会降低研发意愿，不利于企业长期创新，如果为恶意收购，其研发意愿会更低。资源基础理论也指出，每个企业的产品、技术、研发核心人员等基础资源具有不同的特质且不易流动，通过并购获取异质企业的这些资源时，存在时间效应，需要经过不断地交流磨合才会被完全吸收。而这些异质资源在被吸收的过程中，可能就开始逐渐影响企业创新，并在一段时间内持续。

（2）并购经验与并购创新绩效

经验学习曲线显示了经验与效率之间的关系，当个体或组织在一项任务中学习得到更多的经验时，其效率会变得更高。行为学习和组织学习的理论认为，过去成功或失败经验的积累可以产生新知识，组织机构能够储存并记忆这种知识，为企业之后类似事件提供参考和依据，提高企业效率。企业面临经验的反复影响，经吸收和总结经验知识可对发展有促进作用。在企业并购领域，重复多次并购能使企业对于并购行为形成惯例或程序化，以"干中学"的方式获得相关能力，从而改善以后的并购活动的绩效。失败的并购经验反馈更能激励管理层进行战略修正，通过总结失败原因，找出问题，寻找高效的替代方案，从而改善并购绩效避免再次失败。因此，企业并购经验越丰富，在选择并购目标和整合管理时往往会比那些缺乏并购经验的企业表现得更加出色。根据以往的并购经验，企业更能有效地寻求有价值的并购目标，推动并购进程，整合并购资源，进而快速吸收被并方技术知识，提升自身创新能力。

（3）并购价格与并购创新绩效

企业并购交易价格越高，说明该并购具有更高的价值，并购后的创新产出也可能更高。从企业异质性和资产专用性角度来说，每个企业的产品、技术等方面存在差异性与专用性，同一资产对不同的主体有不同的价值。不同的资产拥有者管理能力、知识体系不同，这些因素决定了对同一资产的使用效率及其产生的效益水平的不同。资产的专用性决定了企业资产从一个主体向另一个主体转换的难易程度以及转换成本。威廉姆森（Williamson，1988）将专用性资产分为四类：专用场地、专用实物资产、专用人力资产、特定用途资产。技术本身就具有典型的资产专用性特征，而企业为了得到被并方的整体技术，可能需要同时获得对方的场地、专用设备以及技术研发人员，因此并购价格可能更高。但高的并购价格，会为企业之后的整合节省巨大的成本以及缩短技术开发时间和难度，形成更高的创新绩效。

（4）资产专用性的调节作用

基于新制度经济学的专用性资产理论，并购企业本身会进行资产专用性投资，这些专用性资产往往很难用作其他用途或者其转换成本很高。在获得被并方的技术后，企业需进行技术的融合、吸收和转化，但在这一过程中，如果企业原本的技术设备、知识基础专用性较强，可能不利于接受被并方技术，不能很好地承接对方技术，并造成原企业技术资源的浪费。主并企业为了进行新技术的开发需要投入新设备和人员，从而增加了企业的成本，甚至有可能造成主并企业减少研发投入，降低并购后的创新绩效。阿费加和凯蒂拉（Ahuja & Katila，2001）发现在并购中并购双方还会出现技术相关性差距较大，基础知识结构不同等问题，那么并购发生后就会导致主并企业花费大量时间进行技术整合和管理层战略调整，导致创新研发速度放慢，抑制其创新能力的提升。

四 外部创新视角下的战略性新兴产业创新政策扶持的必要性

学术界对于战略性新兴产业政策扶持的必要性已经基本达成共识，

然而对于战略性新兴企业的外部创新是否需要进行政策扶持，需要我们进一步探讨。

从演化经济学、创新网络学、开放式创新理论、创新源理论以及一些学者的实证研究可以看到，外部创新对企业创新能力的提升具有重要作用。外部创新视角下的战略性新兴产业政策支持指的是，在充分重视企业外部创新的作用下，考虑外部创新与内部创新的关系，将政策扶持更有针对性地为战略性新兴企业的外部创新服务，从而促进企业进行外部创新，并发挥企业的吸收能力，同时促进企业内部创新能力的不断提升。

若按照资金来源划分，企业融资方式可以分为内源融资和外源融资。内源融资主要依靠企业创立之初的自有资金或是日后经营活动中产生的利润留存。外源融资方式随金融市场的发展和创新而不断发展，种类也日益多元化，既有传统的银行信贷等间接融资方式，也有股权融资和债权融资等直接融资方式。战略性新兴企业借助外部创新资源，一些通过如技术引进、技术并购、对外投资等方式实现的外部创新需要花费大量资金。由于战略性新兴产业内的企业多数仍是初创期的中小型企业，尤其生物、新材料等部分新兴产业领域，中小企业所占比重更高。因此企业的规模相比大量的资金需求来说存在巨大的矛盾，企业自身资金无法支撑融资需求，此时就需要吸引大量的外源融资。数据显示截至2010年底，中国银行间交易商协会通过注册发行短期融资券、中期票据和中小企业集合票据等债务融资工具，为节能环保、新一代信息技术、生物、高端装备制造、新能源、新材料、新能源汽车等179家战略性新兴产业发行企业注入资金超过1万亿元（任晓，2011）。中国银监会的数据显示，截至2018年末，21家主要银行机构战略性新兴产业贷款余额3万亿元[①]。

---

① 中国银行业监督管理委员会：《坚决打好防范化解金融风险攻坚战》，http://www.cbrc.gov.cn/chinese/home/docView/89B2A3BB26D04333B0E15CA652C3B6DE.html，2019 - 2 - 25。

作为重要间接融资渠道的银行信贷大多按照"贷大、贷集中"的客户授信模式进行运作,而这并不适应战略性新兴产业"小、散、专"的行业主体结构。同时战略性新兴企业一方面经营的时间短、风险高、业绩不稳定,很难从银行获得信用贷款,另一方面企业发展主要依赖研发创新,其用于生产经营的固定资产相对较少、金额较低,可用于抵押、质押的资产有限,从而也难以获得银行业金融机构的抵押、质押贷款。因此战略性新兴产业的融资需求更应该发挥直接融资的作用。

重视战略性新兴企业外部创新引入同时仍要非常重视企业对外部创新的学习和吸收能力。企业对外部创新知识的吸收依赖于企业的内部创新能力。无论是通过技术引进还是并购获得新技术,如果企业对外部创新不能很好地消化吸收,则将可能对企业带来负面的影响。因此,战略性新兴产业扶持政策也不能忽视进行外部创新的企业本身是否具备足够对外部知识的鉴别、吸收和开发能力。因此,国家可以通过财政税收、金融政策、科技政策等方面来引导和促进企业消化吸收与再创新能力的提升。

外部创新的视角也要求战略性新兴产业的国际化,通过国内企业"走出去",吸收和整合国际上的外部创新资源。在国际化的过程中,企业海外并购、海外投资需要大量资金,因此,有时候要求能够迅速调配的国内融资渠道和资源,但往往海外贷款审批复杂且一些资本项目存在一定管制,资金供应和对外担保方面存在制约,因此导致企业的资金供应难以满足。随着希望"走出去"的企业越来越多,大量的企业面临融资需求、需要融资便利,因此国家需要重视战略性新兴产业国际化、企业利用国际外部创新资源过程中存在的问题,需要制定相应的扶持政策和创新的体制机制,促进战略性新兴企业"走出去",将国际优质创新资源引进来。

第四章 战略性新兴产业创新政策的历史演进与现状评价

对战略性新兴产业创新政策的研究，离不开对战略性新兴产业的政策现状的评价。战略性新兴产业创新政策的大背景是中国创新政策的不断演进和发展，因此，本章在首先回顾中国创新政策历史演进的基础上，对战略性新兴产业创新政策的现状进行了定性和定量分析与评价。其中，在对战略性新兴产业的定性评价中，不仅包括对战略性新兴产业总体政策的梳理和定性评价，而且包括对七大战略性新兴产业创新政策的差异以及对基于企业类型、技术演进和外部创新视角下的创新政策的分析和评述。

第一节 中国创新政策演进与政策工具

对于世界各国来说，创新政策在培育科技创新和产品创新都具有非常重要的作用和地位。政府在制定创新政策时需要做到的主要包括两个方面，一是政府需要为创新创造有利的环境，如运作良好的市场环境和金融体系，完善的知识产权保护制度和技术标准等；二是政府需要针对企业研发激励不足的情况，通过制定和执行相应的创新政策引导和促进企业的科技创新和产品创新，如对企业研发创新的财政补贴和税收优惠等。

一 中国科技政策的演进

科技政策是创新政策的重要组成部分。中国科技政策的改革采取了渐进的方式，改革特点是国家不断加深对政策、体系变革和制度创新的理解（OECD，2011）。表4-1从中国科技政策的学习曲线、创新体系演化、改革背景、学习方式和资助方式这几方面刻画了中国科技政策的演进和发展过程。中国科技政策的演进经历了五个发展阶段。

科技政策改革的开始以1978年的全国科学大会为标志。早期的教条理论认为，科技和知识分子不是生产力和非工人阶级力量，全国科学大会摒弃了这一教条理论，并阐明了科技和知识分子在经济增长中作为生产力的重要作用。创新体系内，政府资金支持公共研究机构的研究，而大学和企业基本都是独立地进行研究。

1978—1984年的第二阶段改革属于试验阶段，这一时期的科技体制改革是自上至下的，其特点是进行了针对解放研究团队活力和释放潜力的试验。在这一改革时期，一个重要的制度创新从公立的研究机构分离出来了一些创业企业，由于改革带来了一定程度的经济自由，这些创业企业将研究成果进行了商品化，从而跨越了研究成果和产业化之间的这道鸿沟。如联想和北大方正等这些分离出来的创业企业，已经在中国信息业内取得了一定的成功。这一阶段国家创新体系也发生了变化，政府从只支持公共研究机构转向同时支持企业和大学的研发活动。第二阶段的改革还包括最初大学的改革，大学改革的重点是重视基础研究以及建立研究生计划。但是，政府对研发机构的资助机制和改革开放前相比基本没有多大改变。

第三阶段是科技体制结构改革的阶段。随着政府决定对经济体制进行改革，科技体制改革中的制度改革从1985年开始执行。改革开放前中国科技体制的主要缺点是研发活动与产业活动存在严重的脱节。因此，科技体制改革主要从以下几个方面进行：改革公共研发资金的分配机制；将应用型研究所转变为企业或技术服务组织，并将大型研发机构归入大型企业；创办技术市场；改革公立研究机构的人事制度。这一阶段的科技体制改革通过引入竞争和市场机制逐渐增强了科技体制的经济导向。国家制定了一系列的政府研发计划项目，如"星火"计划、"863"计划、

表 4−1　中国的创新政策演进：体制改革和学习曲线

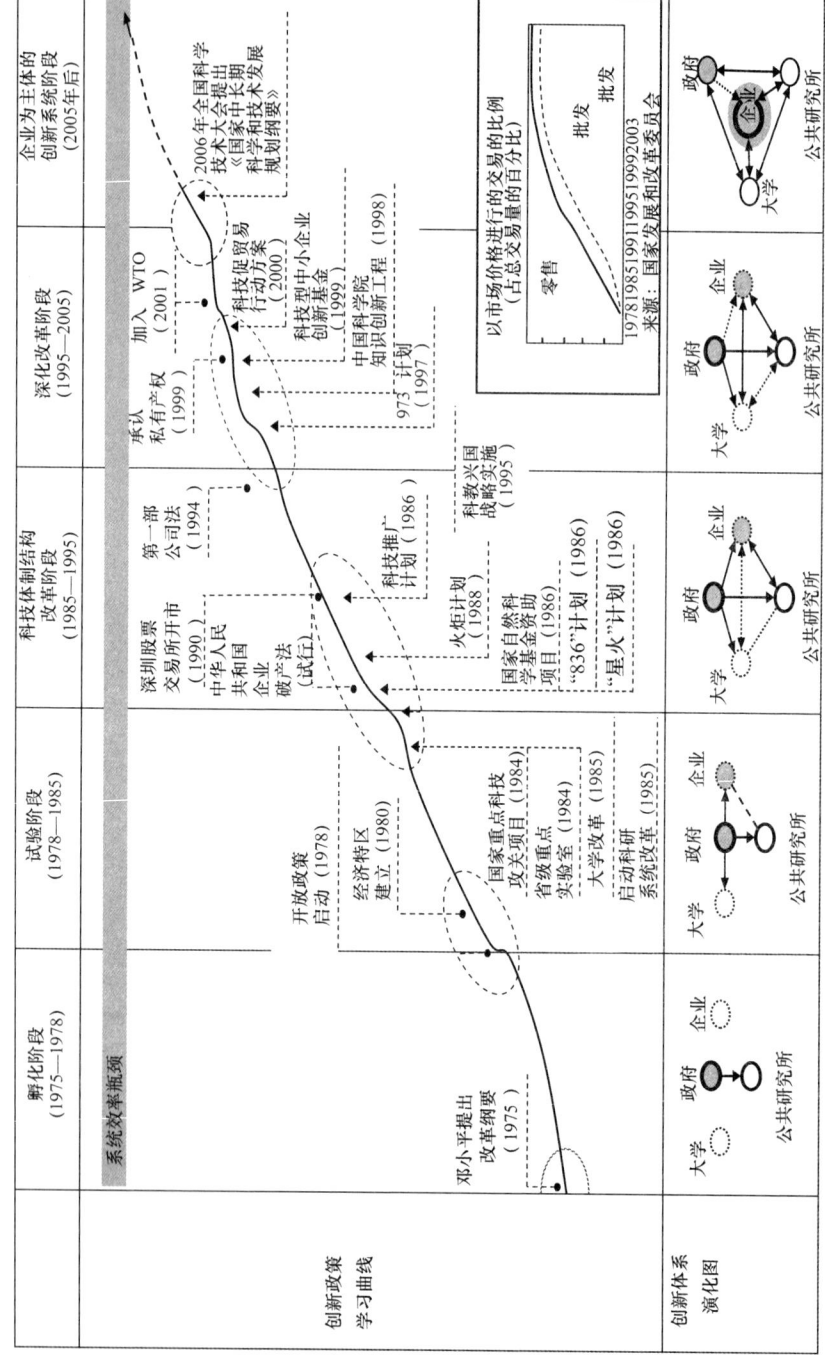

创新政策学习曲线	孵化阶段(1975—1978)	试验阶段(1978—1985)	科技体制结构改革阶段(1985—1995)	深化改革阶段(1995—2005)	企业为主体的创新系统阶段(2005年后)

系统效率瓶颈

主要事件：
- 邓小平提出改革纲要（1975）
- 开放政策启动（1978）
- 经济特区建立（1980）
- 国家重点科技攻关项目（1984）
- 省级重点实验室（1984）
- 大学改革（1985）
- 科研系统改革启动（1985）
- 深圳股票交易所开市（1990）
- 中华人民共和国破产法（试行）
- 第一部公司法（1994）
- 科技推广计划（1986）
- 国家自然科学基金资助（1986）
- "863"计划（1986）
- "星火"计划（1986）
- 火炬计划（1988）
- 科教兴国战略实施（1995）
- 承认私有产权（1999）
- 加入WTO（2001）
- 科技促贸易行动方案（2000）
- 科技型中小企业创新基金（1999）
- 中国科学院知识创新工程（1998）
- 973计划（1997）
- 2006年全国科学技术大会提出《国家中长期科学和技术发展规划纲要》

以市场价格进行的交易的比例（占总交易量的百分比）
批发 / 零售
1978 1985 1991 1995 1999 2003
来源：国家发展和改革委员会

创新体系演化图：大学 / 政府 / 企业 / 公共研究所

续表

	孵化阶段（1975—1978）	试验阶段（1978—1985）	科技体制机构改革阶段（1985—1995）	深化改革阶段（1995—2005）	企业为主体的创新系统阶段（2005年后）
背景	"文革"结束，迫切需要经济现代化	启动经济体制改革	经济体制改革扩展到科学研究领域	经济高速发展，带来在国内国际市场的基于科技实力的竞争压力	越来越多地关注目前的增长轨迹的可持续性
学习方式	从自我反省与自我批评中学习	从自下而上的试验中学习	从自上而下的系统设计和执行中学习	以世贸组织成员和经合组织科技政策委员会观察员资格学习国际良好做法	向本国机构学习并且以证据作出决策，包括国际基准
政策重点	消除对科技发展的概念上和意识形态上的阻碍	指出苏联科技体系缺点，特别是缺少科研与产业的衔接，启动大学体系的改革	改革公共大学和将专注于应用研究的公共科研机构转变为商业实体	加强企业创新能力和公共研究的能力	完成从公共研究机构为主体向企业为主体的创新体系转变改革过程，引导科研体系更好地为可持续发展服务
资助方式	公共机构直接支持	通过放松对融资渠道的管制，对机构融资的改变做了初步试验	减少对公共试验所应用领域研究的机构支持，启动了第一个大型的公共竞争性支持项目	通过启动新项目进一步分化公共支持体系，产生了新的公共支持融资渠道，如风险投资	改进的手段组合，同时更有效地支持市场主导任务为导向的科技发展与创新

资料来源：《OECD中国创新政策研究报告》，科学出版社2011年版。

"火炬"计划等。另外，技术市场以及非国有技术企业的出现也体现了这一阶段的制度创新。这一阶段的主要成就还包括公立研究机构接受的非政府资助的比例大大增加，以及企业研发投入的不断增长。理论界对科技体制改革的实施情况进行了研究评价。创新体系内的参与者——政府、企业、大学和公共研发机构四者中两两存在互动的关系。

第四阶段是科技改革的深化阶段。1995年制定的"科教兴国战略"开启了科技改革和科技政策的新阶段。在全球技术竞争不断加剧以及中国加入世界贸易组织（WTO）的大背景下，中国开始关注未来全球竞争力的提升。在1995—2005年的10年里，中国的科技政策开始关注如何促使以从公立研究机构为主体的创新体系向以企业为主体的创新体系转变，并且重视提高企业的创新能力和技术的产业化进程。这一阶段的制度创新包括制定了更深层次的研发资助计划，一方面，加强了公立研究机构的改革；另一方面，开始实施中国科学院的知识创新工程。随着国家创新政策制定者和理论家对先进创新政策理念的学习和熟悉，中国越来越多地重视向发达国家学习创新政策的制定和运用。该阶段对于先进创新政策的研究的一个重要的结果就是中国开始建设以企业为创新主体的技术创新体系。

第五阶段是以企业为主体的创新系统阶段。2006年的全国科学技术大会和国家中长期科技发展规划的制定是国家创新体系构建的最新阶段。《国家中长期科技发展规划（2006—2020年）》体现了国家正在努力将中国经济的增长模式向可持续发展模式转变，探索如何使得创新成为未来经济增长的驱动力，并且强调建设自主创新能力。为了达到这一发展目标，需要进行一些重新定位并实施更加复杂的政策和管理。这给政府带来了一系列挑战并意味着政府将面临一条陡峭的学习曲线，某些领域将需要剧烈的制度创新。在这一改革背景下，政策制定者面临更加复杂化的改革任务，基于市场的创新政策工具需要更多地被使用，并且不断吸取发达国家的良好的政策实践经验。从创新体系的参与者——政府、企业、大学和公共实验室这四者的地位和关系可以看出，中国的国家创新体系的体制概况确实发生了根本性的变化。从第四阶段到第五阶段可见，最突出的变化是企业成为中国创新体系的主体，图4-2和4-3体现了这一重要变化。

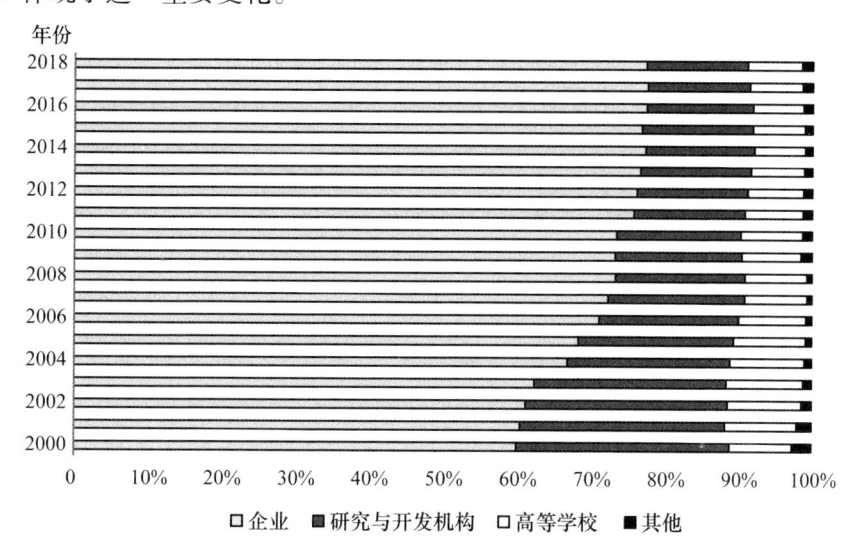

图4-1 创新主体比重的对比（R&D经费内部支出）

资料来源：根据《中国科技统计年鉴（2019）》相关数据绘制。

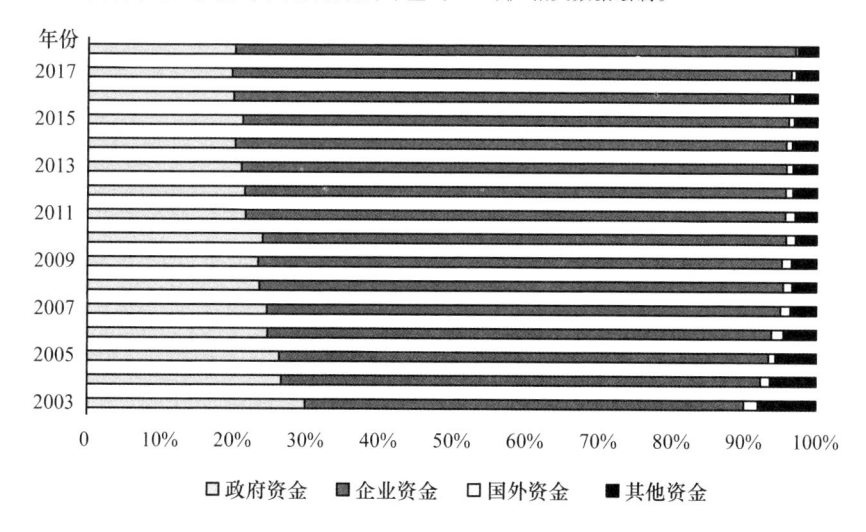

图4-2 不同资金来源比重变化（R&D经费内部支出）

资料来源：根据《中国科技统计年鉴（2019）》相关数据绘制。

二 促进创新的政策工具

从许多西方国家几十年技术创新的政策实践来看,各国所运用的传统的技术创新的典型政策工具主要有六种:以税收优惠、减免或研究开发财政拨款、补贴等形式所提供支持的财税激励政策;以创造或者扩大对创新产品的市场需求为目标的政府采购政策;鼓励和支持风险投资发展的风险投资政策;扶持中小企业建立和发展的中小企业政策;保护知识产权的专利制度;对企业创新行为进行规制的规制政策等。

财税激励政策和专利政策的主要目标是:通过降低企业研发投入的成本鼓励企业对研究开发活动的投入,保护发明创新者的私人收益提高社会对科学技术成果的投入,从而提高技术的供给,可见这两种政策工具属于促进技术创新过程的上游政策。政府采购政策则是通过向创新者提供一个能够预期的、稳定的公共购买市场,从而减少技术创新过程中来自市场方面的不确定性,这种政策工具创造了对新技术、新产品的初始市场需求,对于创新企业快速实现规模经济、发挥学习效应具有重要的意义,这种政策工具属于促进技术创新过程的下游政策。风险投资政策和中小企业政策在技术创新过程中的作用是较为全面与综合的,这两种政策工具是一种风险分担的制度安排,其目的是使全部的技术创新风险不仅仅由某一类企业(如大企业)或单个主体(如创业企业家)来承担,而是由多个相关的主体来共同承担。虽然从全社会来看技术创新的风险并没有降低,但由于社会的技术创新总体风险被分散到更多的主体中,因此每一个创新主体所面对的技术创新风险都会显著降低,其要求的创新风险报酬也就随之降低,创新主体开展技术创新、增加技术创新投入的动力就会增强。政府规制政策是通过减少政府对企业创新行为和环境的干预来降低技术创新制度环境的不确定性,或者通过政府规制来调整或控制技术创新的规模与方向,可以说规制政策工具实质上是通过对创新资源的进入、退出以及配置来实现规制目标的。

国家研发计划。多年来,中国已经制定了系统的国家研发计划来支持研发和创新活动，包括一些旨在促进高新技术产生和发展的计划，如863国家高技术研发计划、关键技术研发计划，以及为了实现研发成果商业化的计划，如火炬计划和星火计划。另外，科学技术部为科技型中小型企业设立了国家创新基金，并且为了针对基础性研究国家还设立了国家自然科学基金会。

高新技术园区和企业孵化器。自20世纪80年代末以来，中国参照美国硅谷模式，在全国各地设立了许多国家级高新技术园区。中国第一个高新技术产业园区——中关村高新技术产业园区，于1988年在北京成立。全国的高新技术园区在以下几个方面获得了政府强有力的支持和有利的投资及经营环境：其一，拥有运作良好的基础设施，高新技术园区为企业内的创新活动和企业间的合作研发提供了平台。其二，园区内的高科技企业享受了广泛的税收政策的优惠待遇。其三，在园区内普遍实行了以"更小的政府，但是更多的服务"为特征的新型治理模式，减少了企业的交易成本，为企业间的创新和合作等活动提供了便利条件。其四，随着园区内企业数目的不断增加，形成了具有特色的产业集群，对于企业间的紧密合作和一体化发挥了重要的作用。全国众多高新技术园区的规模和活动范围迅速扩大，也因此对促进中国高新技术产业的发展发挥了重要的作用。已有超过90%的高科技企业和孵化器设立在高新技术园区内，其中大部分企业是从大学和公共研究机构衍生的企业、新成立的民营企业和外商投资建立的企业。企业孵化器也被称为高新技术创业服务中心，简称创业中心，国际上一般称为企业孵化器。作为一种新型的社会经济组织，企业孵化器通过提供研发、生产、经营的场地，通信、网络与办公等方面的共享设施，系统的培训和咨询，政策、融资、法律和市场推广等方面的支持，降低创业企业的风险和成本，提高企业的成活率和成功率。企业孵化器的主要任务是为高新技术成果的转化和科技企业创业提供不断优化的孵化环境和条件，培育科技实业家和专门人才，为科技企业的发展提供必需的市场化和国际化服务。中国第一个商业孵化器于1987年在武汉成立。IT业和生物医药行业是两个受到青睐的领域，然而，IT行业的专业孵化器的规模要远远大于生物医药行业。

知识产权保护政策。对知识产权进行保护的经济原因是保证知识创新具有足够的私人投资，也就是为了使知识产权人能够收回投资成本并取得利润，给予其一定期限内独占市场的权利，从而达到鼓励知识和技术创新的目标。2008年6月国务院印发了《国家知识产权战略纲要》。总的来说，知识产权战略主要包括四个方面的内容：创造、运用、保护和管理知识产权。纲要还提出了知识产权战略的指导方针：激励创造、有效运用、依法保护、科学管理。为了促进研究成果的商业化，中国实施的几项重要的措施包括：一是允许企业将政府投资的研发项目的知识产权成果进行商业化。二是政府投资的研发项目其知识产权所有权可以转让给执行这项研究的大学或公共研究机构，而不是一直作为政府所有的无形资产。三是1998年以来，国家允许参与政府投资研发项目的个人发明者获得最高额度为授权许可费用35%的部分作为奖金。

财政税收激励政策。财政税收激励政策已经成为促进企业创新的重要政策工具。政府通过提供各种财政补贴和税收激励来鼓励企业进行研发创新。财政税收激励政策的主要激励对象是高新技术企业和产品、研发投入、资本投资项目研发设备的进口、设备更新改造和技术引进、技术转让、技术服务、科技开发人员，以及为作为科技体制改革重要部分的公共研究机构向企业的转型提供支持。

政府采购政策。发达国家的实践证明政府采购是促进企业创新的另一个重要的新兴政策工具。中国的政府采购制度开始于1996年在上海试点政府采购工作，1998年政府采购制度正式建立，1999年国务院在《关于加强技术创新、发展高科技实现产业化的决定》中提出了："实行政府采购，通过预算控制、招投标等形式，引导和鼓励政府部门、企事业单位择优购买国内高新技术及其设备和产品"，这标志着中国已将政府采购政策作为激励创新的一项政策工具。中国的政府采购数额较为巨大，其主要内容包括：一是为了支持和促进企业进行自主创新，自主创新产品是政府采购优先考虑的产品。二是政府采购的技术和设备的30%以上应当是被用于改造国内的机器设备。三是在政府采购中，自主创新的产品与其竞争产品相比可以获得高达8%的价格优惠（也就是说如果自主创新产品的价格比其竞争产品高8%或以下，那么政府采购必须购买自主创新的产品）。四是政府在执行以上对自主创新的优惠政策时，需要对自主创新的产品进行识别和确定。

尽管取得了不平凡的成绩，但中国国家创新体系的潜力并没有充分地释放出来。中国的企业还没有发展出真正的强有力的创新能力，距离真正建成以企业为主体、市场为导向和高效的国家创新体系还存在较大的距离。中国创新政策的最大挑战在于如何让创新政策更好地促进以企业为主体的技术创新体系的形成。

第二节 战略性新兴产业政府创新政策现状

经济合作与发展组织（OECD）的研究认为，中国产业部门仍是创新体系的"致命弱点"。提高产业部门的创新能力和绩效是最为困难的挑战之一。因此需要新的方法来提高产业的研发和创新能力，建立企业为主体的国家创新体系。战略性新兴产业创新政策是国家为了引导和促进战略性新兴产业技术创新而制定的多种扶持政策的总称。从根本上说，战略性新兴产业的技术创新政策是一个政策体系，是国家为促进企业技术创新活动、规范技术创新行为而采取的各种直接和间接的政策措施的总和。

一 战略性新兴产业的总体政策

2010年10月发布的《国务院关于加快培育和发展战略性新兴产业的决定》作为中国第一个针对战略性新兴产业发展的产业政策的纲领性文件，拉开了战略性新兴产业政策密集出台的帷幕。《决定》提出了将战略性新兴产业作为国家战略的重要意义和发展目标,明确了战略性新兴产业发展的重点方向和主要任务,并指出了国家培育发展战略性新兴产业的扶持政策重点。随后,国家出台了诸多扶持战略性新兴产业的政策措施,涵盖了综合政策、财税政策、金融政策、科技政策等多种政策,表4-2梳理了国家出台的战略性新兴产业中央政策及其要点。国家培养发展战略性新兴产业正值"十二五"开局,为了进一步明确"十二五"国家战略性新兴产业发展的具体目标、重点领域和主要任务,2012年7月,发改委会同科技部、工信部、财政部等多个部门,研究编制了《"十二五"国家战略性新兴产业发展规划》。《规划》为战略性新兴产业指出了更加清晰的发展方向,明确了产业发展路线图,提出了中国战略性新兴产业重点发展的七大产业和24个领域,以及进一步促进战略性新兴产业发展的政策措施。《决定》和《规划》提出了培育发展战略性新兴产业的政府扶持政策的多项政策工具。随后的多项专项政策文件则包含了具体的政策实施细则。2016年12月,《"十三五"国家战略性新兴产业发展规划》出台,《规划》提出要把战略性新兴产业摆在经济社会发展更加突出的位置,大力构建现代产业新体系,推动经济社会持续健康发展,持续深化重点领域和关键环节改革,强化制度建设,汇聚知识、技术、资金、人才等创新要素,全面营造有利于战略性新兴产业发展壮大的生态环境。

表4-2　　　　　战略性新兴产业国家层面综合政策及要点

发布时间	发布机构	政策名称	政策要点
2010年10月	国务院	关于加快培育和发展战略性新兴产业的决定	强化科技创新,提升产业核心竞争力;积极培育市场,营造良好市场环境;深化国际合作,提高国际化发展水平;加大财税金融政策扶持力度,引导和鼓励社会投入;推进体制机制创新,加强组织领导
2011年3月	全国人民代表大会	中华人民共和国国民经济和社会发展第十二个五年规划纲要	·提出培育发展战略性新兴产业需要推动重点领域跨越发展、实施产业创新发展工程、加强政策支持和引导

续表

发布时间	发布机构	政策名称	政策要点
2011年7月	国家发改委	关于鼓励和引导民营企业发展战略性新兴产业的实施意见	·采取10大措施鼓励和引导民营企业在战略性新兴产业领域形成一批具有国际竞争力的优势企业
2011年9月	商务部等10部门	关于促进战略性新兴产业国际化发展的指导意见	·提高战略性新兴产业研发、制造、营销等各环节的国际化发展水平,提升全产业链竞争力 ·提高战略性新兴产业人才、企业、产业联盟、创新基地的国际化发展能力,提升市场主体竞争力 ·营造有利于战略性新兴产业国际化发展的良好环境,完善支撑保障体系 ·处理好两个市场的相互关系,夯实战略性新兴产业国际化发展的国内基础
2012年7月	国务院	"十二五"国家战略性新兴产业发展规划	·明确了七大领域的重点发展方向,制定了产业发展路线图 ·从加大财税金融政策扶持、完善技术创新和人才政策、营造良好市场环境、推进重点领域和关键环节改革等方面,提出了进一步促进战略性新兴产业发展的政策措施 ·重点实施宽带中国、关键材料升级换代等20项重大工程
2012年8月	国务院	关于大力实施促进中部地区崛起战略的若干意见	·加大中央预算内投资和专项建设资金投入,在重大项目规划布局、审批核准、资金安排等方面对中部地区给予适当倾斜 ·鼓励中部六省设立战略性新兴产业创业投资引导基金,规范发展私募股权投资
2016年3月	全国人民代表大会	中华人民共和国国民经济和社会发展第十三个五年规划纲要	·围绕重点领域,优化政策组合,拓展新兴产业增长空间,抢占未来竞争制高点 ·发挥产业政策导向和促进竞争功能,构建有利于新技术、新产品、新业态、新模式发展的准入条件、监管规则和标准体系。鼓励民生和基础设施重大工程采用创新产品和服务。设立国家战略性产业发展基金,充分发挥新兴产业创业投资引导基金作用,重点支持新兴产业领域初创期创新型企业

续表

发布时间	发布机构	政策名称	政策要点
2016年12月	国务院	"十三五"国家战略性新兴产业发展规划	·"十三五"时期,要把战略性新兴产业摆在经济社会发展更加突出的位置,大力构建现代产业新体系,推动经济社会持续健康发展 ·加快落实创新驱动发展战略,深入推进政府职能转变,持续深化重点领域和关键环节改革,强化制度建设,汇聚知识、技术、资金、人才等创新要素,全面营造有利于战略性新兴产业发展壮大的生态环境
2020年9月	国家发改委、科技部、工业和信息化部、财政部	关于扩大战略性新兴产业投资培育壮大新增长点增长极的指导意见	指导意见的目的是扩大战略性新兴产业投资、培育壮大新的增长点增长极的决策部署,更好发挥战略性新兴产业重要引擎作用,加快构建现代化产业体系,推动经济高质量发展。从聚焦重点产业领域、打造集聚发展高地、增强要素保障能力、优化投资服务环境等方面提出了指导意见。

(1) 财政税收激励政策

财税政策作为国家推动经济发展的强有力的杠杆,在培育发展战略性新兴产业的过程中发挥着重要的作用,是国家扶持和引导战略性新兴产业的重要政策工具。表4-3列出了国家层面的战略性新兴产业相关财税政策文件,从中可见,政策的方向和重点是加大对战略性新兴产业的财税政策扶持力度,并不断创新财税政策的支持方式。

《"十二五"国家战略性新兴产业发展规划》提出在整合现有政策资源、充分利用现有资金渠道的基础上,建立稳定的财政投入增长机制,设立战略性新兴产业发展专项资金,着力支持重大关键技术研发、重大产业创新发展工程、重大创新成果产业化、重大应用示范工程及创新能力建设等。《"十三五"国家战略性新兴产业发展规划》提出创新财税政策支持方式。发挥财政资金引导作用,创新方式吸引社会投资,大力支持战略性新兴产业发展。2011年7月,财政部修订并出台了新的《基本建设贷款中央财政贴息资金管理办法》,办法明确指出了对于战略性新兴产业集聚和自主创新能力强的国家高新区将给予重点贴息支持。

2011 年，国家发改委联合财政部设立了中央战略性新兴产业专项资金，该专项资金除了支持列入国家新兴产业创投计划的创业投资基金以外，还将重点支持战略性新兴产业骨干企业的重大项目建设。为了突出财政扶持与市场培育相结合的特点，专项资金既支持研究开发投入、研发新产品的产业化，而且还支持应用试点示范、首台设备采购、应用开发和服务模式的创新等。2012 年 12 月，财政部和发改委发布了《战略性新兴产业发展专项资金管理暂行办法》，该办法就战略性新兴产业发展专项资金的使用原则、支持范围、支持方式、资金申报、审核与拨付以及监督管理等重要问题进行了说明。《办法》的出台将使战略性新兴产业专项资金的使用更加规范，并将提高资金的使用效率。全国多省市设立了地方性的战略性新兴产业专项资金，并出台了相应的管理办法。如《广东省战略性新兴产业发展专项资金管理办法（试行）》规定：创新政府的财政资金投入机制，通过竞争性安排，采取贷款贴息、以奖代补等方式，充分发挥财政投入的杠杆作用和乘数效应，引导金融投资和其他社会资金对战略性新兴产业的投入，力争以百亿财政资金引导和拉动千亿以上的社会资金对战略性新兴产业的投资。

《基本建设贷款中央财政贴息资金管理办法》和《国家级经济技术开发区、国家级边境经济合作区基础设施项目贷款中央财政贴息资金管理办法》均明确提出了对于战略性新兴产业集聚和自主创新能力强的国家高新区将给予重点贴息支持。财政贴息是政府为支持特定领域或区域的发展，对企业的银行贷款利息给予的补贴，是政府为促进企业创新所提供的一种较为隐蔽的补贴形式。

税收激励是鼓励企业增加研究开发投入的税收优惠和鼓励企业采用先进技术设备的税收政策等。由于税收优惠是对国家本应收取的税收收入的一种让渡，根据公共财政的相关定义，这部分豁免的税收也常被称作为税式支出。通过税收激励，政府将一部分应收的税款让渡给企业，从而使企业有更多的资金用于科技开发,这实质上是政府增加科技投资的另一渠道。与其他政策工具相比,税收政策具有影响面更广,针对性强,作用效果持续时间长的特点,因此成为了各国普遍采用的促进科技进步与创新的政策措施。

《"十二五"国家战略性新兴产业发展规划》提出了结合税制改革方向和税种特征,针对战略性新兴产业特点,国家已经开始加快研究、出台并完善和落实鼓励创新、引导投资和消费的税收支持政策。《"十三五"国家战略性新兴产业发展规划》提出加大对科技型中小企业创新支持力度,落实研发费用加计扣除等税收优惠政策,引导企业加大研发投入,完善战略性新兴产业企业股权激励个人所得税政策。2011年11月发布的《资源综合利用产品的增值税优惠政策的调整方案》中大幅扩大了增值税优惠行业的范围,增加了十余类增值税减免行业,其中也涉及了战略性新兴产业的相关行业。2018年9月的政策提高了研究开发费用税前加计扣除比例,从而有利于促进企业加大研发投入。

表4–3 战略性新兴产业国家层面财税政策及要点

发布时间	发布机构	政策名称	政策要点
2010年10月	国务院	关于加快培育和发展战略性新兴产业的决定	·财政支持政策。切实加大财政投入力度,发挥中央财政资金引导作用,建立稳定的财政投入增长机制,设立战略性新兴产业发展专项资金 ·税收激励政策。切实完善税收激励政策,重点落实现行各项促进科技投入、科技成果转化和支持高技术产业发展等税收政策的基础上,结合税制改革方向和税种特征,综合运用各种手段
2011年7月	财政部	基本建设贷款中央财政贴息资金管理办法	·明确指出了对于战略性新兴产业集聚和自主创新能力强的国家高新区将给予重点贴息支持
2011年7月	国家发改委	关于鼓励和引导民营企业发展战略性新兴产业的实施意见	战略性新兴产业扶持资金等公共资源对民营企业同等对待

续表

发布时间	发布机构	政策名称	政策要点
2011年11月	财政部	资源综合利用产品的增值税优惠政策的调整方案	·大幅扩大增值税优惠行业范围，增加十余类增值税减免行业
2012年3月	财政部	国家级经济技术开发区、国家级边境经济合作区基础设施项目贷款中央财政贴息资金管理办法	·中央财政对西部地区开发区、战略性新兴产业集聚和自主创新能力强的开发区，给予重点贴息支持
2012年7月	国务院	"十二五"国家战略性新兴产业发展规划的通知	加大财税政策扶持。在整合现有政策资源、充分利用现有资金渠道的基础上，建立稳定的财政投入增长机制，设立战略性新兴产业发展专项资金，着力支持重大关键技术研发、重大产业创新发展工程、重大创新成果产业化、重大应用示范工程及创新能力建设等。结合税制改革方向和税种特征，针对战略性新兴产业特点，加快研究完善和落实鼓励创新、引导投资和消费的税收支持政策
2012年9月	国务院	关于深化科技体制改革加快国家创新体系建设的意见	落实企业研发费用税前加计扣除政策，适用范围包括战略性新兴产业、传统产业技术改造和现代服务业等领域的研发活动；改进企业研发费用计核方法，合理扩大研发费用加计扣除范围，加大企业研发设备加速折旧等政策的落实力度，激励企业加大研发投入
2012年12月	财政部、国家发改委	战略性新兴产业发展专项资金管理暂行办法	·专项资金除了支持列入国家新兴产业创投计划的创业投资基金以外，还将重点支持战略性新兴产业骨干企业的重大项目建设，突出项目扶持与市场培育相结合 ·既支持研发、产业化，还支持应用试点示范、首台设备采购、应用开发和服务模式创新等
2014年10月	财政部、国家税务总局	关于完善固定资产加速折旧企业所得税政策的通知	对生物药品制造业，专用设备制造业，铁路、船舶、航空航天和其他运输设备制造业，计算机、通信和其他电子设备制造业，仪器仪表制造业，信息传输、软件和信息技术服务业等6个行业的企业2014年1月1日后新购进的固定资产，可缩短折旧年限或采取加速折旧的方法

续表

发布时间	发布机构	政策名称	政策要点
2015年3月	国务院	关于发展众创空间推进大众创新创业的指导意见	加强财政资金引导，通过中小企业发展专项资金，运用阶段参股、风险补助和投资保障等方式，引导创业投资机构投资于初创期科技型中小企业
2015年6月	财政部、国家税务总局	资源综合利用产品和劳务增值税优惠目录	包含5类资源综合利用产品的税收优惠，涉及战略性新兴产业中的节能环保产业的一些产品
2016年2月	财政部	关于财政资金注资政府投资基金支持产业发展的指导意见	财政资金注资政府投资基金支持产业发展，针对产业重点领域和薄弱环节，相机采取创业投资引导基金、产业投资基金等形式予以支持。其中对战略性新兴产业等新兴产业及中小企业，可通过创业投资引导基金，加强资金、技术和市场相融合
2016年12月	国务院	"十三五"国家战略性新兴产业发展规划	发挥财政资金引导作用，创新方式吸引社会投资，大力支持战略性新兴产业发展。充分发挥国家新兴产业创业投资引导基金服务创业创新的作用，完善管理规则，做好风险防控，高效开展投资运作，带动社会资本设立一批创业投资基金，加大对战略性新兴产业的投入
2018年9月	财政部、税务总局、科技部	关于提高研究开发费用税前加计扣除比例的通知	企业开展研发活动中实际发生的研发费用，未形成无形资产计入当期损益的，在按规定据实扣除的基础上，在2018年1月1日至2020年12月31日期间，再按实际发生额的75%在税前加计扣除；形成无形资产的，在上述期间按照无形资产成本的175%在税前摊销

（2）金融政策

金融市场向来都是支持生产力发展和技术创新的不可或缺的力量。19世纪兴起的产业如资本密集的电力产业和汽车制造业都是靠在金融市场上的集资才发展起来的。对于战略性新兴产业来说，完善的金融政策对其发展同样至关重要。表4-4列出了国家层面涉及战略性新兴产业的相关金融政策文件，从文件的数量来看，比财税政策的文件要多很多，从政策内容来看，主要从通过完善资本市场促进企业直接融资，通过金融创新和相关政策促进企业间接融资，发挥政府引导基金的引领作用，同时鼓励社会资本对战略性新兴产业的投资。

《"十二五"国家战略性新兴产业发展规划》在战略性新兴产业的金融政策方面提出了多种促进企业创新的政策措施。在间接融资方面，提出加强金融政策和财政政策的结合，运用风险补偿等措施，鼓励金融机构加大对战略性新兴产业的信贷支持。在直接融资方面，提出发展多层次的资本市场，拓宽企业的多元化融资渠道。主要的措施包括：大力发展债券市场，扩大多种债券的发行规模；支持符合条件的企业通过创业板上市融资；推进场外证券交易市场建设，满足处于不同发展阶段创业企业的需求；完善不同层次市场之间的转板机制；推动设立战略性新兴产业创业投资引导基金，带动社会资金投向处于创业早中期阶段的战略性新兴产业创新型企业；健全投融资担保体系。

《"十三五"国家战略性新兴产业发展规划》提出继续在金融政策方面加大对战略性新兴产业的支持力度，具体来说，主要从提高企业直接融资比重和加强金融产品和服务创新两个方面体现。在促进企业直接融资方面，主要是通过发展多层次的资本市场来实现。由于主板上市门槛很高，因此为了支持战略性新兴产业企业上市或挂牌融资，《规划》提出要研究推出全国股份转让系统挂牌公司向创业板转板试点，建立全国股份转让系统与区域性股权市场合作对接机制。除此之外，还要探索推进场外证券交易市场以及机构间私募产品报价与服务系统建设。为了鼓励创业企业发展，《规划》提出大力发展创业投资和天使投资，完善鼓励创业投资企业和天使投资人投资种子期、初创期科技型企业的税收支持政策，丰富并购融资和创业投资方式。在债权融资方面，积极支持符合条件的战略性新兴产业企业发行债券融资，扩大小微企业增信集合债券和中小企业集合票据发行规模，鼓励探索开发高收益债券和可转换债券等金融产品，稳步推进非金融企业债务融资工具发展。在投资基金方面，鼓励保险公司、社会保险基金和其他机构投资者合法合规参与战略性新兴产业创业投资和股权投资基金。最后，还提出推进投贷联动试点工作。在金融产品和服务创新方面。主要是通过多种体制机制的完善和产品的创新来促进战略性新兴产业企业的间接融资。具体的政策措施有：引导金融机构积极完善适应战略性新兴产业特点的信贷管理和贷款评审制度；探索建立战略性新兴产业投融资信息服务平台，促进银企对接；鼓励建设数字创意、软件等领域无形资产确权、评估、质押、流转体系，积极推进知识产权质押融资、股权质押融资、供应链融资、科技保险等金融产品创新；引导政策性、开发性金融机构加大对战略性新兴产业支持力度；推动发展一批为飞机、海洋工程装备、机器人等产业服务的融资租赁和金融租赁公司；加快设立国家融资担保基金，支持战略性新兴产业项目融资担保工作。

2011年8月，财政部、国家发改委发布了《新兴产业创投计划参股创业投资基金管理暂行办法》。其中明确指出，中央财政资金可通过直接投资创业企业、参股创业投资基金等方式，培育和促进新兴产业发展。《办法》指出，参股基金管理遵循"政府引导、规范管理、市场运作、鼓励创新"的原则，其发起设立或增资、投资管理、业绩奖励等按照市场化方式独立运作，自主经营，自负盈亏。

创业投资，也被称为风险投资（venture capital）。广义的风险投资泛指是把高风险看成是获得收益的机会，通过分散投资的方式来降低风险，具有高风险、高潜在收益的投资。狭义的风险投资是指以高新技术为基础，对生产与经营技术密集型产品的投资。美国全美风险投资协会将风险投资定义为，由职业金融家投入到新兴的、发展迅速的、具有巨大竞争潜力的企业中的一种权益资本。风险投资业于20世纪40年代起源于美国。从风险投资的起源来看，风险投资与新兴产业密不可分。风险投资是伴随着新兴的小企业诞生的，由于这些小企业无法从正常的融资渠道获得资金。传统的投资理念是控制风险，风险投资则有着与传统投资相反的理念，将资本分解为若干部分，并分散投资到若干个不同的项目中。由于创业者经常处于拥有技术但却缺乏资金的境地，此时风险投资主动与技术结合，创办高科技企业，在企业得到成长并上市之后，风险投资可以通过出售股票的方式退出投资。风险投资的目的是通过承受高风险从而获得高回报。高回报的项目需要具备两个重要的条件：一是科技创新条件。首先风险投资投入的项目必须具有高科技含量，高科技的项目如果能够成功产业化并将产品推向市场，可能会带来高额回报。二是退出机制条件。风险投资需要有能够实际操作的资本退出机制。典型的风险投资资本退出机制是创业板市场，利用所投资项目的高成长性从而提高股票的预期收益和股票价格，风险投资股权能够在资本市场上通过出售收回投资成本并获得投资的高回报。

郑和威尔（Jeng & Well，2000）的研究发现政府的政策对风险投资行业的发展状况发挥着重要的作用。一些学者研究了政府可以通过哪些途径来促进政府注资支持的风险资本或风险投资企业的成长（Gilson，2003；Irwin and Klenow，1996；Lerner，1999；Wallsten，2000）。Lerner（1999）通过对美国小企业创新研究项目（SBIR）资助企业以及其他未被资助的对照组企业的对比分析发现企业在得到小企业创新研究项目的资助金后比对照企业成长得明显更快。他们把导致这一结果的原因归结为受到政府研究项目资助的企业相当于得到了政府的一种质量认可，因此这些企业也就更容易从其他私人公司处拿到投资资金。

政府创业投资引导基金国际上称为母基金，在2008年由国家发改委、财政部和商务部正式提出，是指由政府出资，并吸引有关地方政府、金融、投资机构和社会资本，不以营利为目的，以股权或债权等方式投资于创业风险投资机构或新设创业风险投资基金，以支持创业企业发展的专项资金。引导基金主要运作方式是政府财政拿出少量资金，引导社会各种资金共同组建创业投资基金，在运营过程中，引导基金本身不直接从事创业投资业务，由专业的管理团队管理。政府引导基金的作用：一是"引导进入"。引导社会资金投向政府有意重点发展的高新技术等关键领域，或者投资于处于种子期、成长期等早、中期的创业企业，克服单纯通过市场配置创业投资资本的市场失灵问题。二是"规范运作"。发挥创业投资引导基金的杠杆作用，引导民间的资本进入专业化、规范化的投资运作渠道。设立战略性新兴产业发展引导基金，统筹扶持战略性新兴产业的关键技术、共性技术研发、加快战略性新兴产业的重点领域，重点企业和重点项目的技术改造和技术的创新，通过参股、融资担保和风险补助等方针，积极地扶持、壮大一批风险投资机构。

表4-4　　　　战略性新兴产业国家层面金融政策及要点

发布时间	发布机构	文件名称	战略性新兴产业相关内容
2009年10月	国家发改委、财政部	关于实施新兴产业创投计划、开展产业技术研究与开发资金参股设立创业投资基金试点工作的通知	实施新兴产业创投计划，扩大产业技术研发资金创业投资试点，推动利用国家产业技术研发资金，联合地方政府资金，参股设立创业投资基金（即创业投资企业）试点工作
2009年12月	中国人民银行、银监会、证监会、保监会	关于进一步做好金融服务支持重点产业调整振兴和抑制部分行业产能过剩的指导意见	对国家产业政策鼓励发展的战略性新兴产业，要积极研发适销对路的金融创新产品，优化信贷管理制度和业务流程，加大配套金融服务和支持
2010年1月	中国人民银行	中国人民银行2010年工作会议	引导金融机构加强对战略性新兴产业等的信贷支持
2010年3月	中国证监会	关于进一步做好创业板推荐工作的指引	各保荐机构向创业板重点推荐符合国家战略性新兴产业发展方向的企业，特别是新能源、新材料、信息、生物与新医药、节能环保等领域企业
2010年4月	国务院	关于进一步做好利用外资工作的若干意见	扩大开放领域，鼓励外资投向高端制造业、高新技术产业、新能源和节能环保产业

续表

发布时间	发布机构	文件名称	战略性新兴产业相关内容
2010年10月	国务院	关于加快培育和发展战略性新兴产业的决定	积极开展知识产权质押融资、产业链融资等信贷方式创新，加大力度支持战略性新兴产业发展；加快完善创业板、场外证券交易在内的资本市场，进一步扩大中小企业集合债券发行规模，积极探索发展高收益类债券等债券品种；扩大政府新兴产业创业投资资金规模，建立政府创业投资引导基金，进一步扶持和引导发展创业投资
2011年7月	国家发展改革委	关于鼓励和引导民营企业发展战略性新兴产业的实施意见	采取10大措施鼓励和引导民营企业在战略性新兴产业领域形成一批具有国际竞争力的优势企业。引导民间资本设立创业投资和产业投资基金；支持民营企业充分利用新型金融工具融资
2011年8月	财政部、国家发改委	新兴产业创投计划参股创业投资基金管理暂行办法	参股基金应集中投资于节能环保、生物医药、航空航天等新兴产业领域，并将重点投向具备原始创新、集成创新或消化吸收再创新属性、且处于初创期、早中期的创新型企业
2012年7月	国务院	"十二五"国家战略性新兴产业发展规划的通知	强化金融支持。加强金融政策和财政政策的结合，运用风险补偿等措施，鼓励金融机构加大对战略性新兴产业的信贷支持、拓宽融资渠道、大力发展债券市场等金融支持强化战略性新兴产业发展
2012年8月	国务院	关于大力实施促进中部地区崛起战略的若干意见	鼓励中部六省设立战略性新兴产业创业投资引导基金，规范发展私募股权投资
2012年12月	财政部	战略性新兴产业发展专项资金管理暂行办法	一般采取拨款补助、参股创业投资基金等支持方式，针对战略性新兴产业发展中的薄弱环节和关键瓶颈制约，围绕战略性新兴产业规划明确的重大工程、重点发展方向，选择战略性新兴产业的重点领域和关键环节，给予引导和资金支持

续表

发布时间	发布机构	文件名称	战略性新兴产业相关内容
2013年7月	国务院	关于金融支持经济结构调整和转型升级的指导意见	引导、推动重点领域与行业转型和调整。坚持有扶有控、有保有压原则，增强资金支持的针对性和有效性
2013年7月	国家发改委	关于加强小微企业融资服务支持小微企业发展的指导意见	按照"政府引导、规范管理、市场运作、鼓励创新"的原则，鼓励新兴产业创投计划参股创业投资企业进一步加大对战略性新兴产业和高技术产业领域小微企业的投资力度，在科技创新、战略规划、资源整合、市场融资、营销管理等方面，全面提升对创新型小微企业的增值服务水平，促进创新型小微企业加快发展
2014年1月	中国人民银行、科技部、银监会、证监会、保监会、知识产权局	关于大力推进体制机制创新、扎实做好科技金融服务的意见	根据科技领域需求和保险资金特点，支持保险资金以股权、基金、债权、资产支持计划等形式，为高新区和产业化基地建设、战略性新兴产业的培育与发展以及国家重大科技项目提供长期、稳定的资金支持
2014年5月	国务院	关于进一步促进资本市场健康发展的若干意见	培育私募市场，发展私募投资基金，研究制定保险资金投资创业投资基金的相关政策。完善围绕创新链需要的科技金融服务体系，创新科技金融产品和服务，促进战略性新兴产业发展
2014年11月	国务院	关于创新重点领域投融资机制鼓励社会投资的指导意见	大力发展股权投资基金和创业投资基金，鼓励民间资本采取私募等方式发起设立主要投资于公共服务、战略性新兴产业等诸多领域的产业投资基金
2015年3月	国务院	关于发展众创空间推进大众创新创业的指导意见	加强财政资金引导，通过中小企业发展专项资金，运用阶段参股、风险补助和投资保障等方式，引导创业投资机构投资于初创期科技型中小企业。发挥国家新兴产业创业投资引导基金对社会资本的带动作用，重点支持战略性新兴产业和高技术产业早中期、初创期创新型企业发展

续表

发布时间	发布机构	文件名称	战略性新兴产业相关内容
2015年3月	国家发改委	战略性新兴产业专项债券发行指引	鼓励符合条件的企业发行战略性新兴产业专项债券融资,重点支持国家指定的二十大产业创新发展工程项目,提高专项债券审核效率、优化债券品种设计、加大政策扶持力度等一系列专项债券措施
2015年9月	国务院	关于加快融资租赁业发展的指导意见	建立专业高效、配套完善、竞争有序、稳健规范、具有国际竞争力的现代融资租赁体系,引导融资租赁企业服务实体经济发展、中小微企业创业创新、产业转型升级和产能转移等,积极拓展战略性型产业发展
2015年9月	国务院	关于促进金融租赁行业健康发展的指导意见	鼓励金融租赁公司发挥扩大设备投资、支持技术进步、促进产品销售、增加服务集成等作用,极支持新一代信息技术、高端装备制造、新能源、新材料、节能环保和生物等战略性新兴产业发展
2016年2月	中国人民银行、国家发改委、工业和信息化部、财政部、商务部、银监会、证监会、保监会	关于金融支持工业稳增长调结构增效益的若干意见	通过对信贷市场、资本市场、融资制度、风险防范等金融支持方面的改进与推动,大力发展与支持战略性新兴产业及其他工业的发展与创新
2016年2月	财政部	关于财政资金注资政府投资基金支持产业发展的指导意见	财政资金注资政府投资基金支持产业发展,针对产业重点领域和薄弱环节,相机采取创业投资引导基金、产业投资基金等形式予以支持。其中对战略性新兴产业等新兴产业及中小企业,可通过创业投资引导基金,加强资金、技术和市场相融合
2016年12月	国务院	"十三五"国家战略性新兴产业发展规划	提高企业直接融资比重、加强金融产品和服务创新、创新财税政策支持方式,通过健全加大金融财税支持,积极营造战略性新兴产业发展新生态

续表

发布时间	发布机构	文件名称	战略性新兴产业相关内容
2017年11月	中国人民银行、银监会、证监会、保监会、外汇局	关于规范金融机构资产管理业务的指导意见（征求意见稿）	鼓励金融机构通过发行资产管理产品募集资金支持国家重点领域和重大工程建设、科技创新和战略性新兴产业、"一带一路"建设、京津冀协同发展等领域。鼓励金融机构通过发行资产管理产品募集资金支持经济结构转型和降低企业杠杆率
2018年12月	国家发展改革委	关于支持优质企业直接融资进一步增强企业债券服务实体经济能力的通知	鼓励优质企业将债券募集资金用于国家重大战略、重点领域和重点项目，加大基础设施领域补短板力度，加快培育和发展战略性新兴产业，推动经济转型升级和高质量发展
2019年1月	证监会	关于在上海证券交易所设立科创板并试点注册制的实施意见	坚持面向世界科技前沿、面向经济主战场、面向国家重大需求，主要服务于符合国家战略、突破关键核心技术、市场认可度高的科技创新企业。重点支持新一代信息技术、高端装备、新材料、新能源、节能环保以及生物医药等高新技术产业和战略性新兴产业，推动互联网、大数据、云计算、人工智能和制造业深度融合，引领中高端消费，推动质量变革、效率变革、动力变革
2019年2月	国务院	关于有效发挥政府性融资担保基金作用切实支持小微企业和"三农"发展的指导意见	政府性融资担保、再担保机构要严格以小微企业和"三农"融资担保业务为主业，支持符合条件的战略性新兴产业项目
2019年4月	国务院	关于促进中小企业健康发展的指导意见	充分发挥各类基金的引导带动作用。大力推进国家级新兴产业发展基金、军民融合产业投资基金的实施和运营，支持战略性新兴产业、军民融合产业领域优质企业融资

（3）政府采购政策

政府对企业创新的推动可以通过"需求侧"的激励，政府采购正是"需求侧"激励的重要政策工具。战略性新兴产业的政府采购的实质是培育战略性新兴产业的市场需求，通过将需要支持的战略性新兴产业的产品列入政府优先采购商品之列，形成了对该战略性新兴产品的市场需求。由于战略性新兴产业所运用的新技术、生产出的新产品在推出市场的时候往往面临巨大的市场风险。这是因为，一方面，供给方不可能完全了解和掌握需求方的各种需求信息；另一方面，需求方在接受供给方推出的新技术产品需要一个适应的过程。通过政府采购，政府机构的需求信息给了供给方一定的市场调研的功能，并用政府信用增加了供给方的信用，使得需求方增加对供给方产品的信心。政府采购保证了一定的市场需求，从而大大降低了企业的市场风险，这一特点对于培育和扶持中小型高科技企业具有重要的意义。

从目前发布的国家层面政策来看，战略性新兴产业的政府采购政策还较为缺乏。从《国务院关于加快培育和发展战略性新兴产业的决定》《"十二五"国家战略性新兴产业发展规划》《"十三五"国家战略性新兴产业发展规划》的政策内容来看，政府采购政策只是在个别产业的政策措施中散落显现，并没有单独的系统描述。国家层面的政府采购政策也没有出台针对战略性新兴产业政府采购方面专项的政策文件。

（4）科技政策

科技政策是一国的创新政策的重要组成部分，是国家确定的科技事业发展方向，指导整个科技事业的战略和策略原则。表4-5列出了相关政策文件和要点，在扶持战略性新兴产业发展的科技政策方面，《国务院关于加快培育和发展战略性新兴产业的决定》《"十二五"国家战略性新兴产业发展规划》《"十三五"国家战略性新兴产业发展规划》分别在实施重大创新工程、加强产学研的合作研发、建立产学研用紧密联系的创新联盟、建立国际化的创新平台、加强知识产权体系和技术标准的建设等方面作了政策部署。2012年4月发布的《关于加强战略性新兴产业知识产权工作若干意见的通知》对战略性新兴产业的知识产权工作提出了诸多目标和措施。《战略性新兴产业关键共性技术推进重点（第一批）》和《战略性新兴产业（产品）推进重点（第一批）》为战略性新兴企业指出了技术发展和产品生产的重点方向，这些重点方向也将会是国家下一步重点扶持的方向和领域。

表4-5　　　　　　　战略性新兴产业国家层面科技政策及要点

发布时间	发布机构	政策名称	政策要点
2012年4月	知识产权局等10部门	关于加强战略性新兴产业知识产权工作若干意见的通知	·促进知识产权创造，夯实战略性新兴产业创新发展基础 ·促进知识产权市场应用，推动战略性新兴产业实现知识产权价值 ·加强企业知识产权管理运用能力和相关服务体系建设，支撑战略性新兴产业形成竞争优势 ·完善知识产权保护政策措施，优化战略性新兴产业发展环境 ·加强知识产权的国际合作，支持战略性新兴产业企业走出去
2012年7月	工信部	战略性新兴产业关键共性技术推进重点（第一批）、战略性新兴产业（产品）推进重点（第一批）	·指出了七大战略性新兴产业关键共性技术和产品推进的重点
2012年7月	国务院	"十二五"国家战略性新兴产业发展规划的通知	加强企业技术创新能力建设；加强知识产权体系建设；加强技术标准体系建设
2012年8月	国务院	关于大力实施促进中部地区崛起战略的若干意见	以掌握核心技术为突破口，培育发展电子信息、生物医药、新能源、新材料等战略性新兴产业，大力实施重大产业发展创新工程和战略性新兴产业创新成果应用示范工程。充分发挥武汉、长株潭地区综合性国家高技术产业基地和武汉信息、郑州生物、南昌航空、合肥电子信息等专业性国家高技术产业基地的辐射带动作用，形成一批具有核心竞争力的新兴产业集群，逐步使战略性新兴产业成为推动中部地区经济发展的主导力量

续表

发布时间	发布机构	政策名称	政策要点
2012年9月	中共中央、国务院	关于深化科技体制改革加快国家创新体系建设的意见	建立企业主导产业技术研发创新的体制机制。加快建立企业为主体、市场为导向、产学研用紧密结合的技术创新体系。充分发挥企业在技术创新决策、研发投入、科研组织和成果转化中的主体作用，吸纳企业参与国家科技项目的决策，产业目标明确的国家重大科技项目由有条件的企业牵头组织实施
2014年3月	国务院	关于改进加强中央财政科研项目和资金管理的若干意见	加强科研项目和资金配置的统筹协调；实行科研项目分类管理；改进科研项目管理流程；改进科研项目资金管理；加强科研项目和资金监管；加强相关制度建设；明确和落实各方管理责任
2014年12月	国务院	关于深化中央财政科技计划（专项、基金等）管理改革的方案	强化顶层设计，打破条块分割，改革管理体制，统筹科技资源，加强部门功能性分工，建立公开统一的国家科技管理平台，构建总体布局合理、功能定位清晰、具有中国特色的科技计划（专项、基金等）体系
2015年5月	国务院	中国制造2025	坚持"创新驱动、质量为先、绿色发展、结构优化、人才为本"的基本方针，坚持"市场主导、政府引导，立足当前、着眼长远，整体推进、重点突破，自主发展、开放合作"的基本原则，通过"三步走"实现制造强国的战略目标。围绕实现制造强国的战略目标，《中国制造2025》明确了9项战略任务和重点，提出了8个方面的战略支撑和保障
2016年12月	国务院	"十三五"国家战略性新兴产业发展规划	深入开展大众创业万众创新；强化公共创新体系建设；支持企业创新能力建设；完善科技成果转移转化制度；强化知识产权保护维权；加强知识产权布局运用；完善知识产权发展机制
2017年4月	科技部	"十三五"先进制造技术领域科技创新专项规划	明确"十三五"先进制造技术领域科技创新的总体思路、发展目标、重点任务和实施保障，推动先进制造技术领域创新能力提升

(5) 其他政策

战略性新兴产业的其他扶持政策还包括人才政策、国际化政策和准入政策等，表4-6列出了主要的政策文件和要点。这些政策在《国务院关于加快培育和发展战略性新兴产业的决定》、《"十二五"国家战略性新兴产业发展规划》和《"十三五"国家战略性新兴产业发展规划》的内容中均有体现。可以说人才政策、国际化政策和准入政策对于促进战略性新兴产业的创新同样具有非常重要的作用。如《关于印发鼓励和引导民营企业发展战略性新兴产业的实施意见的通知》提出了国家战略性新兴产业的专项资金将会平等对待国有资本和民营资本，并且鼓励民营资本进入战略性新兴产业各个领域，鼓励民营资本设立创业投资基金。《关于促进战略性新兴产业国际化发展的指导意见》提出了战略性新兴产业的国际化政策，其中提高战略性新兴产业研发、制造、营销等各环节的国际化发展水平是战略性新兴产业国际化发展的重要目标。为了准确反映"十三五"国家战略性新兴产业发展规划情况，满足统计上测算战略性新兴产业发展规模、结构和速度的需要，国家统计局制定战略性新兴产业的分类目录。《战略性新兴产业分类（2018）》相比2012版分类目录增加了数字创意产业和相关服务业，并新增和调整了一些细分产业。

表4-6　　　　战略性新兴产业国家层面其他政策及要点

发布时间	发布机构	政策名称	政策要点
2010年4月	中共中央、国务院	国家中长期人才发展规划纲要（2010—2020年）	创新人才推进计划。瞄准世界科技前沿和战略性新兴产业，每年重点支持和培养一批具有发展潜力的中青年科技创新领军人才
2011年9月	商务部等8部门	服务贸易发展"十二五"规划纲要	加快发展与战略性新兴产业相配套的服务贸易。发挥服务贸易在促进战略性新兴产业发展中的积极作用，加快发展与节能环保、新一代信息技术、新能源、生物、高端装备制造、新材料、新能源汽车等战略性新兴产业相配套的服务贸易

续表

发布时间	发布机构	政策名称	政策要点
2012年12月	国家统计局	《战略性新兴产业分类（2012）》	为推动"十二五"国家战略性新兴产业发展规划顺利实施，满足统计上测算战略性新兴产业发展规模、结构和速度的需要，特制定本分类。分类适用于对"十二五"国家战略性新兴产业发展规划进行宏观监测和管理；适用于各地区、各部门依据本分类开展战略性新兴产业统计监测
2016年3月	中共中央	关于深化人才发展体制机制改革的意见	统筹产业发展和人才培养开发规划，加强产业人才需求预测，加快培育重点行业、重要领域、战略性新兴产业人才。加大对新兴产业以及重点领域、企业急需紧缺人才支持力度
2016年4月	中共中央、国务院	关于全面振兴东北地区等老工业基地的若干意见	坚持多策并举，"加减乘除"一起做，全面推进经济结构优化升级，加快构建战略性新兴产业和传统制造业并驾齐驱、现代服务业和传统服务业相互促进、信息化和工业化深度融合的产业发展新格局。国家重大生产力布局特别是战略性新兴产业布局重点向东北地区倾斜
2017年1月	中共中央办公厅、国务院办公厅	关于促进移动互联网健康有序发展的意见	推动产业生态体系协同创新。统筹移动互联网基础研究、技术创新、产业发展与应用部署，加强产业链各环节协调互动。推动信息技术、数字创意等战略性新兴产业融合发展
2017年2月	国家发改委	战略性新兴产业重点产品和服务指导目录（2016版）	目录涉及战略性新兴产业5大领域8个产业（相关服务业单独列出）、40个重点方向下的174个子方向，近4000项细分产品和服务
2017年9月	中共中央、国务院	关于开展质量提升行动的指导意见	完善国家合格评定体系。提升战略性新兴产业检验检测认证支撑能力
2018年11月	国家统计局	《战略性新兴产业分类（2018）》	为准确反映"十三五"国家战略性新兴产业发展规划情况，满足统计上测算战略性新兴产业发展规模、结构和速度的需要，制定本分类。与2012版分类目录相比增加了数字创意产业和相关服务业

续表

发布时间	发布机构	政策名称	政策要点
2018年3月	中共中央办公厅、国务院办公厅	关于提高技术工人待遇的意见	深入实施高技能人才振兴计划。紧密结合先进制造业、战略性新兴产业、现代服务业发展需要，重点实施高技能人才培训基地、技师培训等项目。

二 七大战略性新兴产业创新政策的差异

在"十二五"和"十三五"阶段，国家密集出台了大量政策来推动和引导战略性新兴产业的发展。国家针对战略性新兴产业的七大产业具体情况出台了产业规划，还有一系列针对细分产业的规划、专项规划以及其他政策措施。本部分主要通过梳理七大战略性新兴产业的各项国家层面政策，来考察七大战略性新兴产业创新政策之间的差异。

表4-7梳理了七大战略性新兴产业出台的各项具体政策。从各个产业的总体规划中可以看出，每个产业的创新政策都遵循了《"十二五"国家战略性新兴产业发展规划》和《"十三五"国家战略性新兴产业发展规划》中提出了各项政策要点，如鼓励创新的财政投入政策、税收优惠政策、投融资政策、政府采购政策、知识产权保护政策以及保障创新的环境政策。从表4-7和4-8可以看出，七大战略性新兴产业的创新政策制定和出台的进度和政策的侧重点是不同的。

七大战略性新兴产业中，除了新一代信息技术产业和新能源产业的其他产业均出台了产业总体规划。这些产业总体规划针对产业的发展现状和面临的形势，明确了产业发展的目标和重点领域，并提出了扶持的政策措施。虽然新一代信息技术产业没有发布产业的总体规划，但是和其他产业相比提出了最多的细分产业规划，可见由于细分产业各自具有明显的特点，因此制定细分产业的规划更具有针对性。新能源汽车产业目前没有出台细分产业的发展规划，可能是因为该产业的细分产业较少。七大战略性新兴产业为了推动其重点领域的技术创新发展，均出台了多项专项规划。从财税政策方面来看，节能环保产业、新一代信息技术产业、新能源产业和新能源汽车产业均出台了较多的专门的财税政策文件。其中节能环保产业出台的以财政投入政策为主，新一代信息技术产业出台的主要是针对软件产业和集成电路产业的财税政策和物联网产业的财政投入政策，新能源产业和新能源汽车产业均出台了财政投入和税收优惠政策。节能环保产业和新一代信息技术产业以供给侧的财税政策为主，而新能源产业和新能源汽车产业以需求侧的财税政策为主。生物产业没有出台专门的财税政策文件。从科技政策来看，国家通过重点技术创新目录和指南、重大科技专项的支持以及技术标准等方面为产业研发指明方向。从准入政策来看，多数产业制定了细分产业的准入政策和各项行业标准化政策。另外，生物产业和新材料产业制定了产业发展的中长期人才规划。

除了新一代信息技术产业和新能源产业的其他战略性新兴产业均制定了产业的总体规划。本节梳理了这五个产业创新政策的情况，如表4-9所示。表4-9也显示了不同战略性新兴产业子产业在创新政策方面之间的差异性，灰色填充色的表格表示该项政策是具有该产业特点的创新政策。各个产业普遍运用的创新政策这里不再赘述，而主要讨论创新政策差异。节能环保产业、生物产业和新材料产业这三个产业与利用资源息息相关，因此，在规划中都重点提到资源管理和利用的政策内容。生物产业和新材料产业均重点提出需要完善产业的准入政策，这也是由于战略性新兴产业具有高技术的特征，需要避免低端的重复建设。生物产业和高端装备制造业重点提出了加强需求侧激励，加大培育市场的力度。高端装备制造业和新材料产业对市场的产业结构方面提出了对大企业和中小企业的政策，两个产业都将培育具有国际竞争力的大企业为目标，并且也重视具有竞争优势的"专、精、特、新"中小企业对产业发展的作用。高端装备制造业由于与传统的装备制造业具有紧密的联系，因此，产业规划提出了大力实施和支持传统企业进行技术改造，加快产品的技术升级。

表 4-7 七大战略性新兴产业规划政策梳理

政策类型		节能环保产业	新一代信息技术产业	生物产业	高端装备制造业	新能源产业	新材料产业	新能源汽车产业
产业总体规划		《"十二五"节能环保产业发展规划》	—	《生物产业发展规划》	《高端装备制造业"十二五"发展规划》	—	《新材料产业"十二五"发展规划》	《节能与新能源汽车产业发展规划(2012—2020年)》
		《"十三五"节能环保产业发展规划》					《新材料产业发展指南》	《新能源汽车产业发展规划(2021—2035)》
细分产业规划		《环保装备"十二五"发展规划》	《物联网"十二五"发展规划》	《"十三五"生物产业发展规划》	《海洋工程装备制造业中长期发展规划》	《太阳能发电发展"十二五"规划》	《有色金属工业发展规划(2016—2020)》	—
		《大宗工业固体废物综合利用"十二五"规划》	《软件和信息技术服务业"十二五"发展规划》	中医药发展战略规划纲要(2016—2030年)	《"十二五"国家战略性新兴产业发展规划》	《太阳能光伏产业"十二五"发展规划》	《稀土行业发展规划(2016—2020)》	—
		《"十三五"全国城镇污水处理及再生利用设施建设规划》	《集成电路产业"十二五"发展规划》	—	《轨道交通装备产业"十二五"发展规划》	《风电发展"十二五"规划》	—	—
		—	《电子认证服务业"十二五"发展规划》	—	《国家卫星导航产业中长期发展规划》	《地热能开发利用"十三五"规划》	—	—
		—	《电子信息制造业"十二五"发展规划》	—	《机器人产业发展规划(2016—2020年)》	《全国农村沼气发展"十三五"规划》	—	—
		—	《大数据产业发展规划(2016—2020年)》	—	—	—	—	—
		—	《软件和信息技术服务业发展规划(2016—2020年)》	—	—	—	—	—
		—	《新一代人工智能发展规划》	—	—	—	—	—

续表

政策类型	节能环保产业	新一代信息技术产业	生物产业	高端装备制造业	新能源产业	新材料产业	新能源汽车产业
专项规划	《半导体照明科技发展"十二五"专项规划》	《导航与位置服务科技发展"十二五"专项规划》	《发育与生殖研究国家重大科学研究计划"十二五"专项规划》	《智能制造科技发展"十二五"专项规划》	《智能电网重大科技产业化工程"十二五"专项规划》	《高性能膜材料科技发展"十二五"专项规划》	《电动汽车科技发展"十二五"专项规划》
	《蓝天科技工程"十二五"专项规划》	《中国云科技发展"十二五"专项规划》	《蛋白质研究国家重大科学研究计划"十二五"专项规划》	《高速列车科技发展"十二五"专项规划》	《太阳能发电科技发展"十二五"专项规划》	《高品质特殊钢科技发展"十二五"专项规划》	—
	《海水淡化科技发展"十二五"专项规划》	《国家宽带网络科技发展"十二五"专项规划》	《干细胞研究国家重大科学研究计划"十二五"专项规划》	《服务机器人科技发展"十二五"专项规划》	《风力发电科技发展"十二五"专项规划》	《纳米研究国家重大科学研究计划"十二五"专项规划》	—
	《废物资源化科技工程十二五专项规划》	《新型显示科技发展"十二五"专项规划》	《"十二五"现代生物制造科技发展专项规划》	《绿色制造科技发展"十二五"专项规划》		《量子调控研究国家重大科学计划"十二五"专项规划》	—
	《洁净煤技术科技发展"十二五"专项规划》	—	《"十二五"中医药科技创新专项规划》	《遥感和空间科学卫星无线电频率使用规划(2019—2025年)》	—	《"十三五"材料领域科技创新专项规划》	—
	《"十二五"绿色建筑科技发展专项规划》	—	《"十三五"卫生与健康科技创新专项规划》	—	—	—	—
	《"十二五"应对气候变化科技创新专项规划》	—	《"十三五"医疗器械科技创新专项规划》	—	—	—	—

表4-8 七大战略性新兴产业政策梳理

政策类型	节能环保产业	新一代信息技术产业	生物产业	高端装备制造业	新能源产业	新材料产业	新能源汽车产业
综合政策	《关于加快发展节能环保产业的指导意见》	《关于进一步鼓励软件产业和集成电路产业发展若干政策的通知》	《促进生物产业加快发展的若干政策》	—	《可再生能源法》	《新材料产业发展指南》	《关于加快电动汽车充电基础设施建设的指导意见》
	《关于加快推进环保装备制造业发展的指导意见》	《新时期促进集成电路产业和软件产业高质量发展的若干政策》	《生物柴油产业发展政策》	—	《关于促进非水可再生能源发电健康发展的若干意见》	《关于促进光伏产业健康发展的若干意见》	—
	—	—	—	—	《关于可再生能源发展"十三五"规划实施的指导意见》	《关于加快石墨烯产业创新发展的若干意见》	—
财税政策	《废弃电器电子产品处理基金征收使用管理办法》	《关于集成电路产业研究与开发专项资金申报事项的通知》	—	《关于通用航空发展专项资金管理暂行办法的通知》	《可再生能源电价附加资金管理暂行办法》	《稀土产业调整升级专项资金管理办法》	《关于推广新能源汽车补贴政策的通知》
	《交通运输节能减排专项资金申请指南（2012年度）》	《物联网发展专项资金管理暂行办法》	—	《关于调整重大技术装备进口税收政策的通知》	《可再生能源发展基金征收使用管理暂行办法》	《关于实施稀土、钨、钼资源税从价计征改革的通知》	《节能与新能源汽车示范推广财政补助资金管理暂行办法》
	《"十二五"中央农村环境保护专项资金》	《进一步鼓励软件产业和集成电路产业发展企业所得税政策的通知》	—	《关于民用航空发动机、新支线飞机和大型客机税收政策的公告》	《风力发电设备产业化专项资金管理暂行办法》	《关于开展重点新材料首批次应用保险补偿机制试点工作的通知》	《节约能源使用新能源车辆免征车船税车型目录》

续表

政策类型		节能环保产业	新一代信息技术产业	生物产业	高端装备制造业	新能源产业	新材料产业	新能源汽车产业
财税政策		《江河湖泊生态环境保护专项资金管理办法》	《关于软件产品增值税政策的通知》	—	《重大技术装备进口税收政策管理办法实施细则》	《太阳能光电建筑应用财政补助资金管理暂行办法》	—	《私人购买新能源汽车试点财政补助资金管理暂行办法》
		《关于完善废弃电器电子产品处理基金补贴政策的通知》	《关于促进集成电路产业和软件产业高质量发展企业所得税政策的公告》	—	—	《可再生能源发展专项资金管理暂行办法》	—	《"节能产品惠民工程"节能汽车推广目录》
		《中央财政农业资源及生态保护补助资金管理办法》	—	—	—	《关于发挥价格杠杆作用促进光伏产业健康发展的通知》	—	《关于完善城市公交成品油价格补助政策加快新能源汽车推广应用的通知》
		《节能减排补助资金管理暂行办法》	—	—	—	《关于光伏发电增值税政策的通知》	—	《关于调整新能源汽车推广应用财政补贴政策的通知》
		《环境保护专用设备企业所得税优惠目录（2017年）》	—	—	—	《关于页岩气开发利用财政补贴政策的通知》	—	《关于支持新能源公交车推广应用的通知》
		《大气污染防治资金管理办法》	—	—	—	《清洁能源发展专项资金管理暂行办法》	—	《关于完善新能源汽车推广应用财政补贴政策的通知》
		—	—	—	—	《关于光伏发电增值税政策的通知》	—	《关于节能新能源车船享受车船税优惠政策的通知》

续表

政策类型	节能环保产业	新一代信息技术产业	生物产业	高端装备制造业	新能源产业	新材料产业	新能源汽车产业
科技政策	《铬盐等5个行业清洁生产技术推行方案的通知》	《"新一代宽带移动通信网"国家科技重大专项》	《2012年度国家高技术研究发展计划（863计划）生物和医药技术领域备选项目》	《智能制造装备发展专项》	《关于加快推进太阳能光电建筑应用的实施意见》	《国家高技术研究发展计划（863计划）新材料科技领域"先进全固态激光材料及全固态激光技术"主题项目申请指南》	《关于组织开展新能源汽车产业技术创新工程的通知》
	《工业领域节能减排电子信息应用技术导向目录》	《2012年下一代互联网技术研发、产业化和规模商用专项》	《生物育种能力建设与产业化专项》	《卫星及应用产业发展专项》	《关于发布可再生能源建筑应用城市示范实施方案的通知》	《稀土行业清洁生产技术推行方案》	《汽车产业技术进步和技术改造投资方向（2010年）》
	《2012年中欧中小企业节能减排科研合作资金项目申报》	《关于组织实施新型板网络设备研发及产业化专项有关事项的通知》	《中药新药研究各阶段药学研究技术指导原则（试行）》	《重大技术装备自主创新指导目录》	《关于促进先进光伏技术产品应用和产业升级的意见》	《关键材料升级换代工程实施方案》	《纯电动乘用车技术条件》
	《印染行业绿色发展技术指南（2019版）》	《国家新一代人工智能开放创新平台建设工作指引》	《第一批鼓励仿制药品目录》	《高技术船舶科研计划指南》	—	《重点新材料首批次应用示范指导目录》	《甲醇汽车试点技术数据采集管理办法》
	《国家工业节能技术装备推荐目录（2019）》	《关于公布网络安全技术应用试点示范项目名单的通知》	《关于组织实施生物育种能力建设与产业化专项的通知》	《海洋工程装备科研项目指南》	—	《国家新材料生产应用示范平台建设方案》	《电动汽车充电基础设施发展指南（2015—2020）》
	《国家鼓励发展的重大环保技术装备目录（2020年版）》	《关于加快构建全国一体化大数据中心协同创新体系的指导意见》	《生物技术研究开发安全管理办法》	《煤矿机器人重点研发目录》	—	《中国电子电器产业技术发展路线图（2018—2022年）》	《国家重点研发计划新能源汽车重点专项实施方案（征求意见稿）》

续表

政策类型	节能环保产业	新一代信息技术产业	生物产业	高端装备制造业	新能源产业	新材料产业	新能源汽车产业
准入政策	《废钢铁加工行业准入公告管理办法》	《云计算综合标准化体系建设指南》	《关于药品注册审评审批若干政策的公告》	—	—	《多晶硅行业准入条件》	《新能源汽车生产企业及产品准入管理规则》
	《轮胎翻新和废轮胎综合利用行业准入条件》	—	《医疗器械注册管理办法》	—	—	《岩棉行业准入条件》	《铅蓄电池行业准入公告管理办法》
	—	—	《体外诊断试剂注册管理办法》	—	—	《关于进一步规范稀土矿钨矿业权审批管理的通知》	《新能源汽车生产企业及产品准入管理规定》
	—	—	《罕见病防治医疗器械注册审查指导原则》	—	—	—	—
标准化政策	《危险废物焚烧污染控制标准》	《国家车联网产业标准体系建设指南》	《一次性使用心脏停跳灌注器》等41项医疗器械行业标准和2项修改单	《装备制造业标准化和质量提升规划》	《太阳能光伏产业综合标准化技术体系》	《玻璃纤维行业规范条件》	《新能源汽车废旧动力蓄电池综合利用行业规范条件（2019年本）》
	《医疗废物处置污染控制标准》	《云计算服务安全评估办法》	《关于进一步加强医疗器械标准管理的通知》	《船舶总装建造智能化标准体系建设指南（2020版）》	《关于加强电核标准化工作的指导意见》	《石墨行业规范条件》	《电动汽车安全要求》、《电动客车安全要求》、《电动汽车用动力蓄电池安全要求》
	—	《国家新一代人工智能标准体系建设指南》	《药品上市许可持有人和生产企业追溯基本数据集》等5项信息化标准	—	《光伏发电市场环境监测评价方法及标准（2019年修订版）》	《光伏制造行业规范条件》	《废锂离子动力蓄电池处理污染控制技术规范（征求意见稿）》

续表

政策类型		节能环保产业	新一代信息技术产业	生物产业	高端装备制造业	新能源产业	新材料产业	新能源汽车产业
人才政策		—	—	《国家中长期生物技术人才发展规划（2010—2020年）》	—	—	《国家中长期新材料人才发展规划（2010—2020年）》	—
		—	—	《中医药创新团队及人才支持计划实施方案》	—	—	—	—

第四章 战略性新兴产业创新政策的历史演进与现状评价 / 95

表4-9 战略性新兴产业各产业创新政策差异情况

节能环保产业	生物产业	高端装备制造业	新材料产业	新能源汽车产业
1. 完善价格、收费和土地政策（推进资源性产品价格改革；污水处理费、垃圾处理收费；节能环保项目用地给予重点保障）	1. 完善准入政策，促进创新创业（健全完善准入制度、产品质量行业标准；强化技术孵化、产品检验、技术服务等公共技术服务）	1. 加大金融财税政策支持力度（关键零部件、原材料的进口税收政策；融资租赁）	1. 加强政策引导与行业管理（产业政策与其他政策的衔接和配合；完善行业准入条件；新材料产业统计监测体系）	1. 完善标准体系和准入管理制度（完善新能源汽车准入管理；新能源汽车安全标准；技术和设施的相关标准）
2. 加大财税政策支持力度（中央财政节能减排和循环经济发展专项资金；节能、节水、环境保护、资源综合利用税收优惠政策）	2. 加强需求激励，强化市场拉动（规范药品采购、非粮燃料乙醇应用试点、生物柴油产业化示范；加快淘汰落后产品、技术和工艺，促进新兴生物产品的推广应用）	2. 大力实施技术改造（鼓励和支持企业加大技术改造，加快产品的技术升级；提升制造过程的绿色化和智能化水平）	2. 制定财政税收扶持政策（完善新材料产业重点研发项目及示范工程相关进口税收优惠政策；积极研究制定新材料产业"首批次"应用示范支持政策）	2. 加大财税政策支持力度（扩大政府采购规模；私人购买新能源汽车试点给予补贴；新能源汽车示范城市）
3. 拓宽投融资渠道（支持民间资本进入水污染、垃圾处理等市政公用事业建设）	3. 完善创新激励，促进持续发展（财税政策激励；知识产权保护；投融资政策；鼓励国有企业加大生物产业技术创新力度）	3. 着力加强技术创新（产业技术平台和技术创新服务平台建设；军民融合；新资源集成应用）	3. 建立健全投融资保障机制（鼓励和支持民间投资新材料产业；支持创新型和成长型新材料企业上市；设立新材料产业开发专项贷款）	3. 强化金融服务支撑（金融产品创新；担保体系；创业投资基金；上市；债券融资）

续表

节能环保产业	生物产业	高端装备制造业	新材料产业	新能源汽车产业
4. 完善进出口政策（完善出口信贷政策；研究免征中关税和进口增值税，推进国产首台（套）重大节能环保装备的应用）	4. 重视人才培养，强化团队建设（生物技术人才培养基地；人才评价标准体系；吸引海外高层次人才回国（来华）创新创业）	4. 优化产业组织结构（具有国际竞争力的跨国大企业；一大批具有竞争优势的"专、精、特、新"中小企业）	4. 提高产业创新能力（重视人才培养；建立技术研发中心；实施重大工程）	4. 营造有利于产业发展的良好环境（售后服务体系；新能源汽车及关键零部件质量安全检测服务平台；停车费减免、充电费优惠等扶持政策）
5. 强化技术支撑（技术创新平台、国家工程研究中心、实验室和产品质量监督检验中心（站）；推进国产首台（套）重大节能环保装备的应用）	5. 加强资源管理，保护生物安全（加强生物资源保护；强化生物安全监管；建立生命科学研究伦理审查监督制度；完善生物安全溯源机制）	5. 突出质量品牌建设（专利联盟，知识产权保护体系；采用国际标准；自有品牌跨国经营与国际化发展）	5. 培育优势核心企业（推动传统材料工业转型升级；高度重视发挥中小企业的创新作用，支持新材料中小企业向"专、精、特、新"方向发展）	5. 加强人才队伍保障（建立多层次的人才培养体系；鼓励企业、高校和科研机构从国外引进优秀人才）
6. 完善法规标准规范（废弃产品回收处理基金；节能环保标准；完善污染物排放标准体系）	6. 加强统筹协调，确保规划落实（监管部门之间的统筹协调；规划与专项之间的衔接；规划沟通平台；建立中央与地方信息沟通平台；加强对规划实施的跟踪分析和监督检查）	6. 加大市场培育力度（首台套保险机制和示范应用制度；鼓励由装备使用单位和制造企业共同开发高端装备）	6. 完善新材料技术标准规范（健全新材料先进标准体系；加快国外标准向国内标准的转化；新材料专利联盟；建立新材料检测认证平台）	6. 积极发挥国际合作的作用（前沿技术领域开展国际合作研究；联合研发和向国外提交专利申请；完善出口信贷、保险等政策）

续表

节能环保产业	生物产业	高端装备制造业	新材料产业	新能源汽车产业
7. 强化监督管理（市场监督、产品质量监督）	—	7. 加强人才队伍建设（大力实施人才强业战略，加速装备制造业人才国际化进程）	7. 大力推进军民结合（推进国防科技成果加速向经济建设转化；探索军民融合的市场化途径）	—
—	—	8. 提升对外合作水平（积极探索合作新模式，融入全球产业链；与国外合作研发；培育国际化品牌）	8. 加强资源保护和综合利用（高度重视优势的战略性资源保护；积极开发材料可再生循环技术）	—
—	—	—	9. 深化国际合作交流（人才交流；国际技术联盟；国际化经营）	—

资料来源：根据公开资料搜集整理。

第三节 基于企业类型和外部创新视角的战略性新兴产业创新政策评价

一 基于企业类型和技术演进特点的创新政策评价

(一) 基于企业类型的创新政策差异

战略性新兴产业创新政策中基于企业类型的创新政策差异体现在多个方面,如企业规模的大小、企业性质是国有企业还是民营企业还是外资企业、企业是否是新进入的创业企业、进入战略性新兴产业的不同来源的企业等。

在企业规模方面。《"十二五"国家战略性新兴产业发展规划》在金融政策中提出,要扩大中小企业集合票据的发行规模,从而为中小企业融资提供支持。《"十三五"国家战略性新兴产业发展规划》在支持企业创新能力建设方面提出,一方面培育一批具有国际影响力的创新型领导企业,引领带动上下游产业创新能力提升,另一方面也要加大对科技型中小企业创新支持力度,落实研发费用加计扣除等税收优惠政策,引导企业加大研发投入;在金融政策方面,扩大小微企业增信集合债券和中小企业集合票据发行规模。《促进生物产业加快发展的若干政策》一方面提出了针对大型企业的措施:积极引导大型企业开展技术引进和技术升级,鼓励其加强研发能力建设,从而培育出具有较强创新能力和国际竞争力的大型龙头企业。另一方面,对于中小生物企业,提出了对新创办的生物企业,在人员聘任、借贷融资、土地等方面给予优先支持,并且支持建立一批生物企业孵化器,借此促进中小生物企业的创立和成长;在融资政策方面,对符合条件的中小生物企业加大科技型中小企业技术创新基金的支持力度,积极支持符合条件的中小生物企业在中小企业板和创业板上市。在国家开发银行扶持生物产业的政策中,一方面重点开发国内的排名靠前的大型生物企业,另一方面也重视优秀的生物中小企业开发,在国家开发银行生物产业贷款余额 77 亿元资金中,中小生物企业贷款比重达到了56.8%。

在企业性质方面。《"十二五"国家战略性新兴产业发展规划》在金融政策中,明确指出了引导民营企业和民间资本投资和进入战略性新兴产业。《"十三五"国家战略性新兴产业发展规划》在完善体制机制方面,提出全面落实深化国有企业改革各项部署,在战略性新兴产业领域国有企业中率先进行混合所有制改革试点示范,开展混合所有制企业员工持股试点;在推进军民融合政策方面,提出引导优势民营企业进入国防科研生产和维修领域,构建各类企业公平竞争的政策环境。《生物产业发展规划》提出对于国有企业,需要完善其经营业绩评价考核指标体系,并鼓励国有企业加大生物产业技术创新力度。《鼓励和引导民营企业发展战略性新兴产业的实施意见》明确了国家战略性新兴产业扶持资金等公共资源对民营企业同等对待的原则,并从支持民营企业技术创新能力、扶持民营企业科技成果的产业化和市场示范应用、商业模式创新以及利用新型金融工具进行融资等多方面引导民营企业进入战略性新兴产业。《外商投资产业指导目录(2011年修订)》鼓励外商投资战略性新兴产业各个领域。

针对创业企业的政策方面。由于进入战略性新兴产业的创业企业拥有技术但是往往缺乏资金支持,因此需要完善的金融政策支持。《"十二五"国家战略性新兴产业发展规划》提出了多种针对创业企业的融资政策,其中包括完善创业板市场制度,支持符合条件的企业上市融资;还有通过政府资金设立战略性新兴产业创业投资引导基金,充分运用市场机制,带动社会资金投向处于创业早中期阶段的战略性新兴产业创新型企业。《"十三五"国家战略性新兴产业发展规划》提出探索推进场外证券交易市场以及机构间私募产品报价与服务系统建设,支持战略性新兴产业创业企业发展;大力发展创业投资和天使投资,完善鼓励创业投资企业和天使投资人投资种子期、初创期科技型企业的税收支持政策。

在不同来源的企业方面。本书将进入战略性新兴产业的企业按照进入之前不同的来源分成传统转型企业和新生企业,因此这一新的企业类型的划分的创新政策差异并未体现在现有的战略性新兴产业创新政策上面。具体的基于不同来源的企业类型的政策体系构建将在案例分析中结合具体产业来进行阐述。

(二) 基于技术演进特点的创新政策差异

对于战略性新兴产业的七大细分产业来说,某些产业与传统产业的联系较为紧密,因此更适合通过技术融合的方式来进行发展,而有些产业则比较适合通过技术跨越的方式来发展。但由于有些产业包含的细分产业较多,情况比较复杂,因此不能一概而论。战略性新兴产业某些细分产业的创新政策也在一定程度上体现了这一特点。

高端装备制造业的创新政策强调了与传统产业的关系。《高端装备制造业"十二五"发展规划》提出的发展高端装备制造业的基本原则中强调了坚持发展高端装备制造业与改造提升传统产业相结合。由于传统产业可能存在研发强度不大和技术水平不高的情况,因此规划的创新政策内容中指出了要鼓励和支持传统企业加大技术改造,从而推动传统的装备制造业企业做大做强,实现规模经济,鼓励强强联合,并积极实施国际化发展战略性,努力成长为具有国际竞争力的跨国大企业集团。

新材料产业由于包含的细分产业较多,因此情况则比较复杂,可以说,新材料产业中的某些细分产业具有技术融合的特点,而某些细分产业则具有技术跨越的特点。因此《新材料产业"十二五"发展规划》同时考虑了多种情况。规划不仅提出了鼓励传统的原材料工业企业大力发展精深加工进入新材料产业,通过延伸产业链来提高附加值,推动传统材料工业企业技术改造和转型升级,同时高度重视发挥中小企业的创新作用,支持新材料中小企业向"专、精、特、新"方向发展,提高中小企业对大企业、大项目的配套能力,打造一批新材料"小巨人"企业。

二 基于企业外部创新的创新政策评价

从国家层面和地方政府出台的政策文件可以找到针对战略性新兴企

业外部创新的扶持政策。如 2013 年科技部发布的《国家高新技术产业开发区"十二五"发展规划纲要》，提出了支持企业建立技术中心，与高校和科研院所合作建立联合实验室等，充分利用外部创新资源，提升原始创新能力。

《"十三五"国家战略性新兴产业发展规划》体现了针对企业外部创新的相关扶持政策。主要体现在《规划》提出的科技政策、财政金融政策、人才政策等。科技政策包括：依托互联网打造开放共享的创新机制和创新平台，推动企业、科研机构、高校、创客等创新主体协同创新。构建企业主导、政产学研用相结合的产业技术创新联盟，支持建设关键技术研发平台，在重点产业领域采取新机制建立一批产业创新中心。引导有条件的高校和科研院所建立专业化、市场化的技术转移机构，加强战略性新兴产业科技成果发布，探索在战略性新兴产业相关领域率先建立利用财政资金形成的科技成果限时转化制度。完善海外知识产权服务体系，研究发布海外知识产权环境信息，跟踪研究重点产业领域国际知识产权动向，引导建立海外知识产权案件信息提交机制，加强对重大知识产权案件的研究，建立海外知识产权风险预警机制，支持企业开展知识产权海外并购和维权行动。财税金融政策包括：大力发展创业投资和天使投资，完善鼓励创业投资企业和天使投资人投资种子期、初创期科技型企业的税收支持政策，丰富并购融资和创业投资方式。鼓励建设数字创意、软件等领域无形资产确权、评估、质押、流转体系，积极推进知识产权质押融资、股权质押融资、供应链融资、科技保险等金融产品创新。鼓励有条件的地区设立战略性新兴产业发展基金，引导社会资金设立一批战略性新兴产业投资基金和国际化投资基金。人才政策包括：探索事业单位科研人员在职创业和离岗创业有关政策，引导和支持事业单位科研人员按照国家有关规定到企业开展创新工作或创办企业。落实国家对科研人员的各项激励措施，鼓励企业通过股权、分红等激励方式，调动科研人员创新积极性。建立健全符合行业特点的人才使用、流动、评价、激励体系。在充分发挥现有人才作用的基础上引进培养一批高端人才。研究优化外国人永久居留制度，简化外籍高层次人才申请永久居留资格程序，为其配偶和未成年子女提供居留与出入境便利。由此可见，国家层面对于战略性新兴企业外部创新的扶持政策有一定的考虑，并给出了一定的指导性政策。

在国家层面相关政策文件的指导下，地方政府也出台了一些扶持战略性新兴企业外部创新的政策文件。

一些地方政府出台了企业并购方面的金融政策，如 2011 年福建省出台的《福建省"十二五"战略性新兴产业暨高技术产业发展专项规划》鼓励引导金融机构加大对战略性新兴产业企业以及并购重组企业投融资的信贷支持。2014 年河南省《关于促进创业投资和产业投资基金健康发展的意见》指出鼓励设立各类创业投资和产业投资基金：设立创业投资基金、天使投资基金、并购投资基金、成长型企业股权投资基金等。吉林省 2013 年出台的《吉林省关于金融促进科技创新的指导意见》提出加快培育和完善科技保险市场，在科技创新型企业自主创业、并购以及发展战略性新兴产业等方面提供保险支持；2017 年吉林省出台的《吉林省战略性新兴产业"十三五"发展规划的通知》提出引导金融机构创新金融产品，鼓励金融机构开展供应链融资，积极发展并购贷款和银团贷款等新型融资产品和服务。2016 年天津出台了《天津市科技小巨人企业产业并购引导基金管理暂行办法》，规定市财政每年安排 1 亿元资金为符合要求的战略性新兴产业以及其他领域的项目提供规定范围的并购基金，推动天津市战略性新兴产业升级。

一些地方政府出台了战略性新兴企业引进人才的政策。2010 年无锡市制定了《关于更大力度加强技能人才工作三年行动计划》，鼓励支持新兴产业企业引进急需的外地高技能人才。具体内容包括：按照新兴产业发展需求，鼓励企业引进获得中华技能大奖或全国技术能手荣誉称号、具有高超技能水平并取得较大成效的外地高技能人才；政府对企业引进的外地高技能人才经评定后，按引进全国技术能手 1 万元/人、中华技能大奖获得者 2 万元/人的标准给予企业补贴。2012 年安徽省出台了《引进培养战略性新兴产业技术领军人才实施意见》，对人才提供经费资助、工作奖励、培养培训等。2018年天津市制定了《战略性新兴产业领军企业引进急需型人才实施细则》，为企业引进人才开辟绿色通道，提供政策咨询、落户经办等"一站式"服务。

然而，我国对于针对战略性新兴企业外部创新行为的扶持政策明显不足，并且已经出台相关政策还有待出台更多的实施细则，从而将政策落到实处，增强可操作性。由此可见，无论国家层面还是地方政府仍需增加多方面的针对战略性新兴企业外部创新的各项扶持政策，从而提高战略性新兴产业的创新水平，促进产业的发展壮大。

第五章 战略性新兴产业创新政策效果的实证检验

自从在 20 世纪 70 年代开始，国家科技创新政策如何能够有效地达到推动科技创新的目的这个问题被许多工业化国家重视和研究。许多学者对于这个问题从定性和定量分析的角度进行了广泛的探讨和研究。定性研究给了国家如何制定和执行研发创新政策提出了方向指导，定量研究则一般用于对国家的研发创新政策的效果和影响进行定量评价。在发展战略性新兴产业的国家战略提出之后，经济学理论界对于战略性新兴产业的扶持政策的必要性和重要性，以及如何制定扶持和培育战略性新兴产业的政策进行了广泛的研究。在大量战略性新兴产业扶持政策的出台和实施过程中，对战略性新兴产业扶持政策的评价对下一步政策的出台和实施具有重要的指导作用。因此，本章将通过对战略性新兴产业和非战略性新兴产业上市公司数据的实证研究，利用政策评价的计量模型和方法对已经出台和实施的战略性新兴产业扶持政策的有效性进行评价。

第一节 实证方法与分析框架

一项公共政策的实施使得社会中的一部分群体受到了某种影响，而另外一部分群体则可能完全没有受到这种影响，或者受到的影响要小得多，因此这种政策的执行类似于自然科学实验中对试验对象施加的某种

"处理"。这种使得社会中的个人、厂商、城市等的环境发生改变的外生事件被称为自然试验（natural experiment）或准实验（quasi-experiment）。对于属于战略性新兴产业的企业来说，这一政策可以被看做是一种外生事件，因此我们将战略性新兴产业的各项扶持政策看作是一种外生的"自然实验"。双重差分估计的主要思路是利用一个外生的公共政策所带来的横向单位和时间序列的双重差异来识别公共政策的"处理效应"（周黎安、陈烨，2005）。然而"自然实验"方法用于政策评估的合理性存在的一个主要威胁是"自然实验"本身可能会引起一些内生性的反应，从而使得对政策效果的估计产生偏差。例如在战略性新兴产业扶持政策推行后，由于政策的优惠和利润的驱使，会使得一些企业在战略性新兴产业扶持政策出台后选择进入战略性新兴产业，从而使得处理组和对照组的个体分配内生于这项公共政策的"处理"，此时的估计因此也是无效的。另外，有效的使用双重差分模型需要把握一个重要前提，双重差分法（Difference in Difference，简称 DID）假设两组样本的考察变量具有相同的"时间效应"趋势。而现实中的企业是否进入战略性新兴产业可能是非随机事件。因此，如果直接比较处理组和控制组企业之间的研发创新和经营绩效的差异，所得到的统计推断结果很可能是有偏的。

  DID 方法可以通过双重差分解决内生性问题而分离出"政策处理效应"，但可能无法避免存在样本偏差问题，而 PSM 有助于处理样本偏差问题（李贲、吴利华，2018）。因此，本书采用倾向得分匹配法（propensity score matchingmethod，PSM）与 DID 相结合的研究方法，来对战略性新兴产业的政策效果进行实证分析与评价。PSM + DID 的方法是首先通过倾向得分匹配，找到具有可比性的处理组和控制组，进而通过双重差分得到政策影响的净效应。由于存在于现实中的经济现象并不是随机的实验，因此通过双重差分法存在样本选择性偏倚和混杂偏倚，这种偏倚和影响很有可能会导致对政策冲击效应的夸大和缩小，而利用倾向得分匹配法可以最大程度地消除这种偏倚。当然，为了能够消除这种偏

倚，需要在进行匹配时控制较多的对选择和结果产生影响的协变量，因此，这就需要在进行匹配时尽量控制足够多的变量。通过这种先进行匹配然后进行双重差分处理的方法，取得了一种类似于实验的效果，实现了类似的反事实估计。其中，在基期对处理组和控制组进行匹配，通过控制两组企业的各项特征变量，在一定程度上控制了两组企业的异质性，从而实现了在匹配后处理组和控制组更加逼近自然实验。处理组的平均处理效应（Average Treatment Effect on the Treated，ATT）的估计方程可以写为 ATT = E（$Y_{Tt_1i} - Y_{Tt_0i}$ | Treat = 1）− E（$Y_{Ct_1i} - Y_{Ct_0i}$ | Treat = 1），方程中的 E（Y_{Ct_1i} | Treat = 1）属于反事实效应（Counterfacutal Effect），是现实中无法观测到的情况，因为现实中无法观测到非战略性新兴企业受到战略性新兴产业政策扶持的效果。但是通过匹配可以实现的是控制组和处理组在政策实施之前的其他协变量的均值相等，即 E（Y_{Tt_0i} | Z）= E（Y_{Ct_0i} | Z）= E（Y_{Ci} | Z），所以此时，是否属于战略性新兴产业企业可以被看作是一种随机的分配，并且，满足这一条件的处理组企业总可以在控制组中找到一家或多家企业与之相匹配，此时，样本选择性和混杂偏倚不再影响估计结果。

　　双重差分法的作用是通过减去不随时间改变的两组差异及时间效应，从而得到政策变量对处理组企业影响的净效应。为了检验假设前提，我们将所有公司分成两组，一组为处理组，也就是战略性新兴产业的上市公司，另一组为控制组，为非战略性新兴产业上市公司。鉴于2010年10月发布的《国务院关于加快培育和发展战略性新兴产业的决定》拉开了战略性新兴产业政策密集出台的帷幕，并为了保持政策年度的完整性，因此，我们将2011年看作"事件年"。《中国制造2025》在2015年正式发布，这相当于又一个政策周期，为保证政策效果的一致性，本书将研究截止时间设置在2015年。在综合考虑样本容量和数据的可获得性，将样本的开始时间设置为2008年。

　　倾向得分匹配法适用于非随机数据的分析，该方法是在1983年由罗森鲍姆和鲁宾（Rosenbaum & Rubin，1983）在生物统计学领域提出。

倾向得分匹配法通过准随机过程来去除处理组与其他观察因素的混杂效应。本书的基本思路是先建立一个概率预测模型，为战略性新兴产业企业在非战略性新兴产业的对照组中寻找与其本身受干预后结果尽可能相同的公司，与之进行匹配后再观察各配对组结果变量的差异，从而尽可能地排除混杂偏倚和选择性偏倚。由于匹配过程在实际操作中是很复杂的，因此 PSM 模型根据最大配对法则在对照组中找到配对个体（Parsons, 2001），通过倾向得分匹配使得多维化的问题变成一维或少维，从而简化了匹配的过程。该方法平衡了不完全和不准确配对带来的问题，它对函数形式具有稳健性，并对个体的随机效应完全没有限制，从而允许样本有随意异质性（Fu, 2007）。

在实证分析中，倾向得分的获得通常需要采用 Logit 或 Probit 等概率模型来进行估计。本书获取倾向得分的具体步骤可概括为（Dehejia & Wahba, 2002）：

通过 Logit 模型计算倾向得分值，PSM 模型的倾向得分是某个个体在其自身特定属性下接受某种干预的可能性，即每家上市公司进入战略性新兴产业的概率，即

$$p(X) = Pr[D=1|X] = E[D|X] \quad (5-1)$$

其中，D 是一个指标函数，若某家公司属于战略性新兴产业，则 $D=1$，否则 $D=0$。因此，对于第 i 家公司而言，假设其倾向得分 $p(X_i)$ 已知，则战略性新兴产业扶持政策的平均处理效果为：

$$ATT = E[Y_{1i} - Y_{0i} | D_i = 1]$$
$$= E\{E[Y_{1i} - Y_{0i} | D_i = 1, p(X_i)]\}$$
$$= E\{E[Y_{1i} | D_i = 1, p(X_i)] - E[Y_{0i} | D_i = 0, p(X_i)] | D_i = 1\}$$
$$(5-2)$$

其中，Y_{1i} 和 Y_{0i} 分别表示同一家公司在进入战略性新兴产业和未进入战略性新兴产业两种情况下的研发创新或经营绩效。

倾向得分匹配方法包括最近邻匹配法、半径匹配法、核匹配法等方法。

最近邻匹配法的基本思想是：根据估计出的 PS 值前向或后向寻找与处理组样本公司的 PS 值最为接近的控制组样本，作为处理组的匹配对象。设 $C(i)$ 为处理组中第 i 个观察值对应的匹配样本（来自控制组）构成的集合，相应的 PS 值为 p_i。最近邻匹配法的匹配原则表示为：

$$C(i) = \min_j (p_i - p_j) \tag{5-3}$$

半径匹配的基本思想是，预先设定一个常数 r，选定的匹配对象的 PS 值需要满足与处理组样本 i 的 PS 值的差异小于 r。半径匹配法的匹配原则表示为：

$$C(i) = \{p_j (p_i - p_j) < r\} \tag{5-4}$$

在完成匹配后，进一步计算平均处理效果 ATT。对于处理组的第 i 个观察值来说，即 $i \in T$，假设 i 有 N_i^C 个匹配对象，如 $j \in C(i)$，则设定权重为 $w_{ij} = 1/N_i^C$，否则设定的权重为 $w_{ij} = 0$。设处理组中共有 N^T 个观测对象，则平均处理效果的估计式为（Becker and Ichino，2002）：

$$\tau^M = \frac{1}{N^T} \sum_{i \in T} Y_i^T - \frac{1}{N^T} \sum_{j \in C} w_j Y_j^C \tag{5-5}$$

其中，M 表示匹配方法，权重 w_j 定义为 $w_j = \sum_i w_{ij}$。

如果采用核匹配法，则平均处理效果 ATT 的估计式为：

$$\tau^M = \frac{1}{N^T} \sum_{i \in T} \left\{ Y_i^T - \frac{\sum_{j \in C} Y_j^C G[(p_j - p_i)/h_n]}{\sum_{k \in C} G[(p_j - p_i)/h_n]} \right\} \tag{5-6}$$

第二节 研究设计

一 数据来源

为了研究战略性新兴产业总体政策对企业创新的影响，我们选取了 975 家来自沪深股市的上市公司，按照多数文献的普遍做法剔除了 ST 公司。其中 295 家战略性新兴产业企业来自于概念板块中的战略性新兴产业板块，680 家非战略性新兴产业企业来自于其他板块，包括制造业、采掘业、建筑业等行业，但需要说明的是，为了使得匹配较为接近，我们选择的非战略性新兴产业公司是在证监会行业分类的门类中与战略性新兴产业相同门类的公司。我们选择的面板数据的时间跨度为2008—2015年。企业的研发支出来自Wind金融数据库。具体来说，对于中小板块的企业来说，研发数据一般在"董事会报告"中披露；主板企业有的在"财务报表附注"中的"开发支出"或"管理费用"中披露；有的企业在现金流量表中的"支付的其他与经营活动有关的现金"中披露。本书查阅的上市公司年度报告来自于巨潮资讯网的"披露"栏目。上市公司的财务数据均来源于Wind金融数据库。

二 变量选择

企业的研发创新变量，记为Densi。理论界用来衡量企业技术创新水平的变量有创新投入和创新产出。创新产出一般包括专利申请数、新产品销售收入等，但由于技术创新产出的可比性较差，受外生因素的影响较大，而且企业内部往往存在较多的非专利性技术创新，因此不宜把创新产出作为被解释变量。而对于创新投入来说，它主要由企业的经营者决定，因此企业的研发投入状况可以作为经营者行为的良好反映。另外在考虑数据的可得性情况下，故本书借鉴汉森和希尔（Hansen & Hill，1991）的做法以研销比（研发支出与销售收入的比值）作为企业技术创新的代理变量，度量企业的研发投入密度。

匹配变量的选取。为了获得倾向得分值，需要选取合适的匹配变量。由于Logit模型的被解释变量是是否属于战略性新兴产业的虚拟变量，因此选取匹配变量为决定一家企业是否进入战略性新兴产业的一些特征变量，因此，本书选取了企业的特征变量作为匹配变量。由于还会通过Stata中的Prestimate命令来筛选从而确定具体匹配的变量，因此，我们首先会多选择一些匹配变量。具体包括企业年龄的对数，记为Lnage，体现企业资本结构的资产负债率，记为Leve、流动资产比例，记为Lqt、固定资产比例，记为PPE，体现盈利能力的总资产净利率，记为 Roa，体现营运能力的流动资产周转率，记为 Laz，体现偿债能力的流动比率，记为 Ldr，体现企业规模的营业收入的对数，记为 Lnys，体现财务风险的权益乘数，记为 Qy，体现现金流量情况的经营性现金净流量/营业总收入，记为 Caf。

三 变量的描述性统计

样本公司的研发创新和经营绩效变量以及匹配变量的描述性统计结果如表5-1所示。另外，为了初步观察战略性新兴企业与非战略性新兴企业的不同特征，还按照处理组和控制组分别进行了描述性统计。从表5-1可见，战略性新兴企业的研发投入密度均值和总资产净利率均值大于非战略性新兴企业，由于非战略性新兴企业的样本数较多，其标准差也较大。为了考察战略性新兴产业扶持政策实施前后战略性新兴企业与非战略性新兴企业的情况对比，我们还对政策实施前后处理组和控制组数据进行了描述性统计。如表5-2所示，政策实施前，战略性新兴企业研发投入密度均值、大于非战略性新兴企业。政策实施后，战略性新兴企业研发投入密度均值、仍然大于非战略性新兴企业。

表 5-1　　　　　　　　变量定义与描述性统计

样本类型	变量	变量定义	均值	标准差	最小值	最大值
全样本	Densi	研发投入密度	0.047	0.05	0	0.984
(N=975)	Lnage	企业年龄的对数	2.485	0.441	0	4.094
	Roa	总资产净利率	8.016	8.442	-77.651	87.883
	Leve	资产负债率	36.922	20.106	0.752	239.4
	Ldr	流动比率	3.723	6.277	0.075	190.869
	Laz	流动资产周转率	1.284	0.852	0.046	11.556
	Eqm	权益乘数	1.85	1.467	1.008	86.304

续表

样本类型	变量	变量定义	均值	标准差	最小值	最大值
战略性新兴企业 (N=295)	Caf	现金流/营业总收入	9.009	16.983	-485.328	386.093
	Lqt	流动资产比例	64.373	17.071	1.698	100
	PPE	固定资产比例	0.206	0.132	0	0.929
	Lnsize	营业收入对数	20.666	1.369	15.751	27.218
	Densi	研发投入密度	0.062	0.061	0	0.728
	Lnage	企业年龄的对数	2.492	0.434	0	4.094
	Roa	总资产净利率	8.52	8.948	-69.947	71.608
	Leve	资产负债率	36.159	19.825	1.103	104.436
	Ldr	流动比率	3.931	6.373	0.503	144
	Laz	流动资产周转率	1.113	0.792	0.064	8.064
	Eqm	权益乘数	1.845	2.045	1.011	86.304
	Caf	现金流/营业总收入	8.682	18.765	-485.328	77.715
	Lqt	流动资产比例	66.44	16.571	10.762	99.826
	PPE	固定资产比例	0.181	0.122	0	0.64
	Lnsize	营业收入对数	20.566	1.405	16.551	27.218
非战略性新兴企业 (N=680)	Densi	研发投入密度	0.041	0.043	0	0.984
	Lnage	企业年龄的对数	2.481	0.444	0	4.043
	Roa	总资产净利率	7.798	8.203	-77.651	87.883
	Leve	资产负债率	37.253	20.219	0.752	239.4
	Ldr	流动比率	3.634	6.233	0.075	190.869
	Laz	流动资产周转率	1.358	0.866	0.046	11.556
	Eqm	权益乘数	1.852	1.127	1.008	46.867
	Caf	现金流/营业总收入	9.151	16.148	-227.645	386.093
	Lqt	流动资产比例	63.477	17.209	1.698	100
	PPE	固定资产比例	0.216	0.135	0	0.929
	Lnsize	营业收入对数	20.71	1.351	15.751	27.121

表 5-2　　　　　政策实施前后处理组和控制组描述性统计

变量	2008—2010 年（政策实施前）				2011—2015 年（政策实施后）			
	战略性新兴企业		非战略性新兴企业		战略性新兴企业		非战略性新兴企业	
	均值	标准差	均值	标准差	均值	标准差	均值	标准差
Densi	0.051	0.046	0.035	0.032	0.068	0.068	0.045	0.049

第三节　实证结果与分析

一　倾向得分匹配及平衡性检验

匹配变量的筛选。为了求出倾向得分，需要首先确定用哪些变量来进行匹配。因此，我们首先构建以是否属于战略性新兴产业的虚拟变量为被解释变量的 Logit 模型，通过 Prestimate 命令筛选后，确定的匹配变量为：企业年龄的对数、营业收入的对数、总资产净利率、流动比率、固定资产比例、流动资产周转率、经营性现金净流量/营业总收入。

样本匹配效果及平衡性检验。在筛选了用于计算倾向得分的匹配变量后，就可以通过这些匹配变量来计算倾向得分值，然后通过倾向得分值来对企业进行匹配。提取政策实施前一年处理组的样本，将该样本与当年的控制组进行匹配，并检验处理组与控制组各项变量的显著偏差。摩根和哈丁（Morgan & Harding，2006）通过模拟数据分析的方法比较了不同匹配方法，他们证明了核匹配法得到的估计值偏误是最小的，因此本书采用核匹配法。核匹配法的核心思想是用现有的控制组不同个体其各个维度的特征进行加权平均，从而组合出一个合适的配对对象。表 5-3 显示了政策实施前倾向得分匹配的效果以及平衡性检验的结果。从表 5-3 中可见，用于匹配的变量的标准偏误百分比的绝对值在匹配后都小于 5，这表明在完成匹配后，两组样本公司的各方面特征已经非常接近，匹配效果较好。平衡性假设是倾向得分匹配需要符合的一个基本假设，它指的是进行配对的个体需要在各个匹配维度上均较为接近。从表 5-3 中可以看出，每个匹配变量在匹配之后的 P 值都满足大于 0.1，因此可以认为，在匹配之后处理组和控制组在各个匹配维度上的特征在统计上不存在显著差异，从而可见倾向得分匹配通过了平衡性检验。

表 5-3　　　　　　　政策实施前匹配效果及平衡性检验

变量	样本	均值		标准偏误%	标准偏误绝对值减少%	T 值	P 值
		处理组	对照组				
Lnage	匹配前	2.3752	2.359	3.9	3.5	0.55	0.585
	匹配后	2.3752	2.3909	-3.7		-0.45	0.651
Lnys	匹配前	20.355	20.548	-14.5	90.9	-2.07	0.038
	匹配后	20.355	20.373	-1.3		-0.16	0.87
Roa	匹配前	12.108	11.051	12.2	87.3	1.77	0.077
	匹配后	12.108	12.243	-1.5		-0.18	0.861
Ldr	匹配前	4.729	4.8659	-1.9	64	-0.25	0.802
	匹配后	4.729	4.7782	-0.7		-0.09	0.925
PPE	匹配前	0.16837	0.19989	-24.2	95.8	-3.38	0.001
	匹配后	0.16837	0.16704	1		0.13	0.894
Laz	匹配前	1.1988	1.505	-35.6	90.3	-4.96	0
	匹配后	1.1988	1.2285	-3.5		-0.47	0.642
Lqt	匹配前	11.698	8.7477	18.9	97	2.75	0.006
	匹配后	11.698	11.787	-0.6		-0.07	0.946

二　基于倾向得分匹配的双重差分模型

在对战略性新兴企业和非战略性新兴企业进行倾向得分匹配后，为了减掉不随时间变化的不可控因素，在匹配后的处理组和控制组两组中，我们进一步利用双重差分法来得到战略性新兴产业扶持政策对处理组的平均处理效应。因此，我们设定的面板双重差分估计模型如下：

$$y_{it} = \beta_0 + \beta_1 type_{it} + \beta_2 time_t + \beta_3 type_{it} \times time_t + v_i + \varepsilon_{it} \quad (5-7)$$

其中，y_{it}表示被解释变量研发创新或经营绩效指标，即研发投入密度、净资产净利率和总资产净利率，因此需要分别进行三次回归。$type_{it}$反映的是在t时期、个体i是否发生了"处理"的虚拟变量，即某个企业是否属于战略性新兴产业的虚拟变量，如企业属于战略性新兴产业，我们赋值$type_{it}=1$，反之$type_{it}=0$。$time_t$是表示政策实施的虚拟变量，事件年之后即2011—2015年我们赋值$time_t=1$，反之$time_t=0$。ν_i是个体i不随时间变量的特征变量，ε_{it}是随机扰动项。

对于控制组，由于$type_{it}=0$，因此有

$$y_{it}=\begin{cases}\beta_0+\nu_i+\varepsilon_{it} & time=0 \text{ 实施战略性新兴产业政策前}\\ \beta_0+\beta_2+\nu_i+\varepsilon_{it} & time=1 \text{ 实施战略性新兴产业政策后}\end{cases}$$

对于处理组，由于$type_{it}=1$，因此有：

$$y_{it}=\begin{cases}\beta_0+\beta_1+\nu_i+\varepsilon_{it} \quad time=0 & \text{实施战略性新兴产业政策前}\\ \beta_0+\beta_1+\beta_2+\beta_3+\nu_i+\varepsilon_{it} \quad time=1 & \text{实施战略性新兴产业政策后}\end{cases}$$

不难看出，对于控制组，实施战略性新兴产业政策前后的变化是β_2，对于处理组，实施战略性新兴产业政策前后的变化是$\beta_2+\beta_3$，显然战略性新兴产业政策实施后对战略性新兴企业发挥作用的净效应是两个虚拟变量交叉项的系数β_3，它在数学上等于处理组在事件年前后的差异减去对照组在事件年前后的差异，这就是所谓的"双重差分"（聂辉华等，2009）。

表5-4中的模型（1）和（2）是没有经过倾向得分匹配得到的双重差分结果。通过对基于倾向得分匹配的双重差分模型的估计，得到的结果如表5-4中的模型（3）、（4）所示，其中交乘项Type×year的系数，即双重差分模型中的系数β_3，也就是我们最为关心的体现政策效果的双重差分系数，它表示的是去除了时间效应的战略性新兴产业扶持政策对企业作用的平均处理效应。该系数是在5%的显著性水平下显著，这说明战略性新兴产业扶持政策对上市的战略性新兴企业的研发创新起到了促进的作用。

表 5-4　　　　基于倾向得分匹配的双重差分模型估计结果

解释变量	(1)	(2)	(3)	(4)
Type	—	—	0.0093***	0.0092***
	—	—	(5.78)	(5.75)
Year	0.0063***	0.0233***	0.0132***	0.0213***
	(5.64)	(9.38)	(7.93)	(7.52)
Type*year	0.0072***	0.0073***	0.0056**	0.0056**
	(5.48)	(5.6)	(2.18)	(2.21)
Lnage	0.0190***	0.0018	-0.0031**	-0.0050***
	(7.47)	(0.55)	(-2.11)	(-3.48)
Lnys	-0.0133***	-0.0151***	-0.0095***	-0.0097***
	(-14.03)	(-15.51)	(-16.12)	(-16.52)
Roa	-0.0008***	-0.0008***	-0.0002*	-0.0001
	(-11.90)	(-11.87)	(-1.76)	(-1.15)
Ldr	0.0004***	0.0004***	0.0020***	0.0021***
	(5.84)	(6.23)	(5.32)	(5.54)
PPE	-0.0163***	-0.0176***	-0.1106***	-0.1051***
	(-3.15)	(-3.41)	(-10.29)	(-9.75)
Laz	0.0024**	0.0036***	-0.0063***	-0.0056***
	(2.56)	(3.84)	(-7.30)	(-6.64)
Lqt	-0.0002***	-0.0002***	-0.0005***	-0.0004***
	(-5.11)	(-3.68)	(-6.36)	(-5.33)
Caf	-0.0000**	-0.0000**	0.0004***	0.0003***
	(-1.25)	(-2.13)	(5.12)	(4.88)
常数项	0.2879***	0.3552***	0.2957***	0.2962***
	(16.28)	(18.08)	(16.85)	(16.96)
年份效应	否	是	否	是

注：***、**、*分别表示在1%、5%和10%的显著性水平下显著。

三 反事实检验

本书通过改变政策实施时间来进行反事实检验。假设处理组样本实施产业政策的年份都提前一年或者两年,如果政策处理效应仍然显著则说明政策效果很可能来自于其他政策变化或者随机因素。因此分别假设政策实施的时间是2009年或2010年,然后重复上文的PSM-DID方法,即先用政策实施前一年的样本进行倾向得分匹配,然后在用匹配后的样本进行双重差分。从表5-5的检验结果来看,证明了上文中战略性新兴产业政策的影响并非随时间变化而导致的安慰剂效应的结果,此反事实检验与前文结论保持基本一致。

表5-5 反事实检验

解释变量	(1)	(2)	(3)	(4)
Type	0.0108***	0.0109***	0.0111***	0.0111***
	(3.65)	(3.7)	(5.02)	(5.04)
Year09	-0.0032	0.0103***	—	—
	(-1.58)	(3.47)	—	—
Type×year09	0.0035	0.0036	—	—
	(1.04)	(1.09)	—	—
Year10	—	—	0.0040**	0.0120***
	—	—	(2.13)	(4.02)
Type×year10	—	—	0.0023	0.0023
	—	—	(0.81)	(0.82)
PPE	-0.0472***	-0.0534***	-0.0621***	-0.0680***
	(-9.29)	(-10.53)	(-11.42)	(-12.24)
Laz	-0.0126***	-0.0108***	-0.0172***	-0.0159***
	(-16.45)	(-14.81)	(-15.19)	(-14.46)
Lnage	-0.0021	-0.0080***	-0.0050***	-0.0095***
	(-1.49)	(-5.19)	(-3.22)	(-5.83)

续表

解释变量	(1)	(2)	(3)	(4)
Qy	0.0000	0.0000	-0.0036*	-0.0037*
	(0.06)	(0.05)	(-1.96)	(-1.95)
Ldr	0.0013***	0.0014***	—	—
	(2.92)	(3.18)	—	—
Leve	-0.0005***	-0.0005***	—	—
	(-5.49)	(-5.61)	—	—
常数项	0.0916***	0.1023***	0.0951***	0.1054***
	(14.94)	(17.13)	(18.88)	(19.72)
年份效应	否	是	否	是

注：***、**、*、分别表示在1%、5%和10%的显著性水平下显著。

第六章 企业类型视角下战略性新兴产业的创新激励差异的实证分析

前文在理论层面上阐述了传统转型企业和新生企业的创新激励存在差异,本章将从数理模型和计量模型两个方面对传统转型企业和新生企业的创新激励差异进行验证,从而为战略性新兴产业创新政策设计提供依据。

第一节 传统转型企业与新生企业的研发竞争博弈模型

为了比较传统转型企业和新生企业研发投资激励的差异,本节以奈特(Nett,1994)的研究为基础建立一个两阶段的研发竞争博弈模型。

一 模型的基本假设

假设战略性新兴产业中存在进行产量竞争的两家企业,一家为传统转型企业,记为企业 A,一家为新生企业,记为企业 B。传统转型企业同时生产两种产品,一种是传统产品,记为产品 1,其边际成本为 0,另一种属于战略性新兴产业的新产品,记为产品 2,其边际成本为 c。产品 1 和产品 2 在同一市场销售,存在替代关系。新生企业只生产战略性新兴产业产品,该产品与传统转型企业生产的新产品是同质的,记为产品 2,其边际成本也为 c。假设市场的反需求函数为 $p_1 = 1 - x - \beta(y+z)$ 和 $p_2 = 1 - (y+z) - \beta x$,其中,$x$、$y$ 分别代表企业 A 产品 1、产品 2 的销售量,z 代表企业 B 产品 2 的销售量,p_i 是产品 i ($i=1$,2) 的价格;$\beta \in (0,1)$ 表示两种产品是替代品,β 越大,产品的替代性越强;反之则越弱。通过反需求函数可以得到 $0<c<1$,这是由于当产品 1 和产品 2 的产量很小时,要保证价格大于边际成本 c。

博弈的第一阶段为研发阶段,两家企业同时选择各自最优的研发投入量。第二阶段为产量竞争阶段,我们只考虑工艺创新,当企业的研发行为发生后,会带来各自边际成本的变化(假设传统转型企业的研发只带来其战略性新兴产品边际成本的变化),此时两家企业在产品市场上进行古诺产量竞争。由于只考虑工艺创新的情形,我们假设企业 i ($i=A$,B) 通过研发进行工艺创新,那么为了使成本降低 k_i ($i=A$,B) 单位,需要付出一定的研发投入,我们借鉴阿斯普雷蒙特和雅克明(d'Aspremont & Jacquemin,1988)的做法将研发投入函数设为 $R = \frac{1}{2}\alpha k_i^2$ ($i=A$,B),其中 α 为企业研发创新的成本参数,表示企业的技术使用效率或产出效率,α 越小说明企业的研发创新能力越强,α 的取值范围会在推导过程中给出。将研发投入函数设为二次函数,不仅可以反映研发收益的边际递减,即技术研发投入水平越高,工艺创新获得的成本节省也在减少,并且减少的速度更快。另外,可以直接反映出为了获得一定的边际成本节省而需要付出的研发投入成本的程度。创新成功后,企业获得了 k_i 单位的成本节省,则边际成本函数就变为 $c - k_i$,这里不考虑技术的外溢。

二 第二阶段子博弈均衡

我们通过逆向归纳法来求解均衡,首先考虑第二阶段的子博弈均衡。通过第一阶段的研发投入,两家企业都获得了战略性新兴产品成本的降低。在第二阶段,两家企业进行古诺产量竞争,只考虑产品成本,因此,企业 A 和 B 在第二阶段的目标函数分别为:

$$\pi_A(x, y) = p_1 x + [p_2 - (c - k_A)] y \qquad (6-1)$$

$$\pi_B(z) = [p_2 - (c - k_B)] z \qquad (6-2)$$

将反需求函数代入利润函数,并通过令企业的利润函数的一阶条件为 0,分别得到:

$$\frac{\partial \pi_A}{\partial x} = 1 - 2x - 2\beta y - \beta z = 0 \qquad (6-3)$$

$$\frac{\partial \pi_A}{\partial y} = 1 - c + k_A - 2y - z - 2\beta x = 0 \qquad (6-4)$$

$$\frac{\partial \pi_A}{\partial z} = 1 - c + k_B - y - 2z - \beta x = 0 \qquad (6-5)$$

从而求出两家企业利润最大化时的均衡产量为:

$$x^* = \frac{1 - \beta + \beta c}{2(1 - \beta^2)} - \frac{\beta}{2(1 - \beta^2)} k_A \qquad (6-6)$$

$$y^* = \frac{2(1-c) - (c+3)\beta + \beta^2}{6(1-\beta^2)} + \frac{4-\beta^2}{6(1-\beta^2)} k_A - \frac{1}{3} k_B \qquad (6-7)$$

$$z^* = \frac{(1-c)}{3} - \frac{1}{3} k_A + \frac{2}{3} k_B \qquad (6-8)$$

三 第一阶段子博弈均衡

现在逆推到第一阶段,按照逆向归纳法的思想,企业 A 和企业 B 需要同时决定其研发投入的规模以实现企业总利润的最大化,企业 A 和企业 B 的总利润函数为 $P_i = \pi_i - \frac{1}{2}\alpha k_i^2$ ($i = A, B$),将得到的第二阶段包含研发投入水平的均衡产量代入企业的总利润函数,得到了关于企业研发投入 k_A 和 k_B 的函数,对两家企业的总利润函数分别求关于 k_A 和 k_B 的一阶导数,则有:

$$\frac{\partial P_A}{\partial k_A} = \frac{(c-1)\beta^2 + 9\beta}{18(\beta^2 - 1)} + \left[\frac{7\beta^2 - 16}{18(\beta^2 - 1)} - \alpha\right] k_A - \frac{4}{9} k_B = 0 \qquad (6-9)$$

$$\frac{\partial P_B}{\partial k_B} = \frac{4}{9}(1-c) - \frac{4}{9} k_A + \left(\frac{8}{9} - \alpha\right) k_B = 0 \qquad (6-10)$$

为了保证总利润存在最大值，需要满足 $\frac{\partial^2 P_A}{\partial k_A^2} = \frac{8}{9} - \alpha < 0$，$\frac{\partial^2 P_B}{\partial k_B^2} = -\alpha + \frac{-16 + 7\beta^2}{18(-1 + \beta^2)} < 0$，从而确定 α 的取值范围为 $\alpha > \frac{16 - 7\beta^2}{18(1 - \beta^2)}$。根据利润最大化的一阶条件可以得到两家企业的最优研发投入量为：

$$k_A^* = \frac{(1-\beta)[3\alpha(\beta-8) + 8(4+\beta)] + c[8(\beta^2-4) + 3\alpha(8+\beta^2)]}{\alpha(96 - 69\beta^2) + 8(\beta^2 - 4) + 54\alpha^2(\beta^2 - 1)} \quad (6-11)$$

$$k_B^* = \frac{4\{8 - 3\beta - 2\beta^2 + 6\alpha(\beta^2 - 1) - c[8 - 2\beta^2 + 6\alpha(\beta^2 - 1)]\}}{\alpha(96 - 69\beta^2) + 8(\beta^2 - 4) + 54\alpha^2(\beta^2 - 1)} \quad (6-12)$$

其差值为：

$$k_A^* - k_B^* = \frac{3\beta\{9\alpha[1 + (c-1)\beta] - 4\}}{\alpha(96 - 69\beta^2) + 8(\beta^2 - 4) + 54\alpha^2(\beta^2 - 1)} \quad (6-13)$$

为了确定 $k_A^* - k_B^*$ 的正负号，需要具体分析其表达式中分母和分子的正负号，求出 α、β、c 的具体范围，并且该范围要满足 $k_i^* > 0$，$c - k_i^* > 0$（$i = A, B$），通过计算不等式组可得到最终 α、β、c 的取值范围，得到的结果存在两种情况，即 $k_A^* > k_B^*$ 或 $k_A^* < k_B^*$。当 $\alpha = \frac{4}{9 - 9\beta + 9c\beta}$ 时，$k_A^* = k_B^*$，但此时 $c - k_i^* < 0$，因此不存在 $k_A^* = k_B^*$。从理论模型的结果来看，传统转型企业与新生企业相比谁的研发投入更多取决于研发投入的效率系数 α、传统转型企业新旧两种产品的替代弹性 β，以及初始边际成本 c 的大小。因此我们还需要通过实证分析来检验传统转型企业与新生企业的研发激励是否存在差异以及孰大孰小。

第二节　实证研究设计

一　数据来源

战略性新兴产业的发展是由众多微观企业的发展来实现的，因此，战略性新兴产业的研究离不开对微观企业的研究。为了研究战略性新兴产业中的企业创新行为,我们选取的样本企业来自于上市公司概念板块中的新材料、新能源、节能环保、智能电网和物联网五个板块。在剔除了没有披露研发数据或数据不全的企业后,得到了106家企业2007—2019年的面板数据。我们选择的面板数据的时间起点为2007年,这主要是由于战略性新兴产业板块自2007年起开始有较多的上市公司披露研发数据,另外战略性新兴产业中大部分企业的进入主要集中在2007年以后。本书查阅的上市公司年度报告来自于巨潮资讯网的"披露"栏目。进入时机和企业来源是通过逐年翻阅公司年报来确定的。研发支出和控制变量的数据来源于Wind金融数据库。

二 变量选择

(1)被解释变量。理论界用来衡量企业技术创新水平的变量主要有创新投入和创新产出。创新产出一般包括专利申请数、新产品销售收入等,但由于技术创新产出的可比性较差,受外生因素的影响较大,而且企业内部往往存在较多的非专利性技术创新,因此不宜把创新产出作为被解释变量。而对于创新投入来说,它主要由企业的经营者决定,因此企业的研发投入状况可以作为经营者行为的良好反映。因此在考虑数据可得性的情况下,本书借鉴汉森和希尔(Hansen & Hill,1991)的做法以研销比(研发支出与销售收入的比值)作为企业技术创新的代理变量,度量企业的研发投入密度,记为RDint。

(2)解释变量。进入时机。对于进入效应的研究一直以来都是经济学家热衷的一个领域,并且广泛被认为是经济增长的一个主要的动力。关于进入时机的研究潮流是由Bain(1956)确立的,Lieberman & Montgomery(1988)提出了先动优势的概念。以往的研究主要研究的是进入条件对企业经济绩效和企业生存机会的影响,研究表明进入时机对企业的经济绩效和生存机会具有重要的影响。那么,企业的进入时机对于企业的创新是否存在重要的影响?帕克和康(Park and Kang,2010)考察了太阳能电池产业的进入条件、公司策略及其交互作用对企业创新的影响。进入时机衡量的是企业进入战略性新兴产业的时间特征。进入时机不能简单地理解为企业的成立时间,这是由于许多企业在成立时并没有直接进入战略性新兴产业。因此我们需要通过查阅企业年报以及企业上市时公布的招股说明书来确定企业进入战略性新兴产业的时间,具体来说,我们以企业生产出战略性新兴产品的时间点为进入时间。然后将这个时间点与每个年份变量的差值作为进入时机变量的数值,例如一个企业进入时间为2004年,那么对应的2006的进入时机变量的数值为3,对应的2007年的进入时机变量则为4,以此类推一直到2011年的进入时机变量为8。进入时机变量记为Time。

企业来源。我们通过理论分析了按照企业来源划分传统转型企业和新生企业的依据,那么另一个问题则是在实际操作层面如何实现这种划分。在搜集数据的过程中,通过逐年翻阅企业年报查阅企业主营业务的范围来确定企业来源。具体的做法是在确定该企业的进入时间之后,对比进入前后企业的主营业务,具体分析企业在进入战略性新兴产业之前是否属于相关的传统产业。我们用虚拟变量来表示企业来源,传统转型企业为1,新生企业为0。记为Origin。

企业规模。自熊彼特的创新理论以来,围绕着"熊彼特假说",公司规模被认为是影响企业技术创新能力的重要因素。著名的"熊彼特假说"认为大企业比小企业有更强的创新能力,这是由于大企业在规模经济、风险分担和融资渠道等方面拥有相对的优势。早期的实证研究都假定企业规模与创新之间的关系是一种单调的线性关系。为了克服早期文献中存在的缺陷,一些学者开始考虑企业规模与创新之间的关系可能存在非线性的影响。一些学者运用美国、加拿大、比利时等国家的企业样本发现企业规模与研发支出之间存在倒"U"形关系(Grabowski, 1968; Loeb & Lin, 1977; Soete, 1979),但也有一些研究得到了与此相反的研究结果,如邦德等(Bound et al., 1984)、克莱因内西(Kleinknecht, 1989)。国内关于企业规模与创新之间关系的研究结果也存在着分歧。如聂辉华等(2008)在利用中国规模以上工业企业数据考察对中国企业创新活动的影响因素时，以研发密度衡量创新活动，发现企业创新与规模之间呈倒"U"形关系。而冯根福和温军（2008）利用中国 343 家上市公司的相关数据，同样以研发密度衡量企业创新，但却发现企业规模与创新之间存在"U"形关系。衡量企业规模的变量通常有三个：员工人数、销售收入和资产。依据舍勒（Scherer，1965）的方法，销售收入对生产要素的比例是中性的，并且能够反映短期需求的变动，因此被认为是企业规模的最好的代理变量。因此我们借鉴汉森和希尔（Hansen & Hill，1991）、冯根福和温军（2008）等学者的做法，以公司年末营业收入的对数衡量企业规模。记为 Size。

（3）控制变量。借鉴温军、冯根福（2012）的做法，选取了企业的特征变量作为控制变量。一是资本结构，采用资产负债率，记为 Leve。二是盈利能力，采用企业净利润与营业总收入的比值，记为 Prf。三是营运能力，采用流动资产周转率，记为 LAZ。四是偿债能力，采用流动比率，记为 LDR。五是政府补助的对数，记为 Sub。

表 6-1　　　　　　　　　　变量定义与符号表示

变量	符号表示	变量定义
被解释变量	RDint	研发支出与销售收入的比值
解释变量	Time	进入时机
	Origin	企业来源
	Size	公司年末营业收入的对数
控制变量	Leve	资产负债率
	Prf	净利润/营业总收入
	LAZ	流动资产周转率
	LDR	流动比率
	Sub	政府补助的对数

三　模型设定与描述性统计

（1）模型设定。为了确定计量模型的具体形式，首先通过豪斯曼检验来确定模型采用固定效应还是随机效应，得到的 P 值为 0.0000，因此确定使用固定效应模型，认为不同企业存在着不随时间变化的个体效应。将代表年份的时间虚拟变量加入到模型中检验时间虚拟变量的联合显著性，得到的 P 值为 0.1235，不能拒绝时间虚拟变量为 0 的原假设，因此认为模型中不存在时间效应。从而可以确定计量模型的误差项中只包含截面个体效应（在模型中用 ν_i 表示）。

$$\text{RDint}_{it} = \alpha + \beta_1 \text{Time}_{it} + \beta_2 \text{Size}_{it} + \beta_3 \text{Lev}_{it} + \beta_4 \text{Prf} +$$
$$\beta_5 \text{LDR}_{it} + \beta_6 \text{LAZ}_{it} + \beta_7 \text{Sub} + \nu_i + \varepsilon_{it} \quad (6-14)$$

对单位根检验的说明。传统的面板数据（Panel Data）指的是小 T 大 N 的数据结构。由于跨国数据的发展，逐渐出现了大 T 大 N 或大 T 小 N 的面板数据结构。由于这种长面板数据往往带有时间趋势，可能出现数据的不平稳现象，尤其是宏观数据如 GDP、CPI 等，从而造成伪回归的情况，因此需要进行面板单位根检验。由于本章的数据结构属于小 T 大 N 的形式，另外文中所运用的数据较多为公司层面的财务比率等数据，很少存在 I（1）过程，因此本章在进行计量分析之前并没有进行面板单位根检验。

（2）主要变量的描述性统计。首先对回归的主要变量进行描述性统计，表 6-2 显示了全样本以及分组的统计结果。从表 6-2 可以看出，全样本中企业的研发投入密度存在较大的差距。从传统转型企业和新生企业分组的描述性统计结果来看，其中新生企业数目较少仅有 17 家，传统转型企业为 89 家，可见在搜集到的战略性新兴产业的上市公司数据中传统转型企业占比更大。表 6-2 中显示传统转型企业的研发投入密度平均值、最大值以及标准差均大于新生企业。由于传统转型企业数目较大，企业研发投入密度的波动也较大。从企业规模来看，传统转型企业规模的平均值大于新生企业，但其最小值则较为接近，可见一般来说新生企业比传统转型企业的规模要小。

为了简单观察企业规模与研发密度以及其他解释变量的关系，我们按照企业规模将企业分成大中小规模企业，该分组是在每一个年度上将所有企业按照企业规模排序，将其分成3等份确定大中小规模企业的分组，这是因为一家企业在不同年度上其规模可能存在变化，也就是一家小规模企业可能会通过各种方式成长为中等规模或大规模的企业。表6-3显示了大中小规模企业研发密度及不同解释变量的平均值。从进入时机的平均值来看，大规模企业的进入时机最早，小规模企业其次，中等规模企业最晚。战略性新兴产业技术研发需要巨额投资并且存在较大的不确定性，大规模的企业由于存在资金、人才等优势更易于成为先进入战略性新兴产业的领军企业。从研发投入密度来看，小规模企业的研发投入密度平均值比中大规模企业要大，大规模企业的研发投入密度平均值最小。对于不同规模企业的研发投入密度平均值我们进一步分年度计算了平均值，图6-1显示了变化的趋势。从图6-1可见，小规模企业研发投入密度在多数年份都是最大的，在某些年份存在下降趋势。中等规模企业的研发投入密度平均值多数年份处在中等水平，并且总体上呈现上升趋势，在2018年和2019年超过了小规模企业。大规模企业的研发投入密度平均值最小，但总体上也呈现上升趋势。

表6-2　　　　　　　　　变量的描述性统计

样本类型	变量	均值	标准差	最小值	最大值
全样本（N=106）	RDint	0.0400	0.0283	0.0006	0.1351
	Time	8.0283	4.3550	1.0000	24.0000
	Size	21.3430	1.4029	18.2354	27.5118
	Leve	0.4519	0.1850	0.0574	2.3940
	Prf	0.0409	0.2771	-7.2612	1.1722
	LAZ	1.2337	0.7092	0.1732	7.6506
	LDR	1.9558	1.4546	0.2268	14.6280
	Sub	16.3052	1.5811	9.1072	22.2747
传统转型企业（N=89）	RDint	0.0406	0.0285	0.0006	0.1351
	Time	7.9213	4.1756	1.0000	21.0000

续表

样本类型	变量	均值	标准差	最小值	最大值
	Size	21.3166	1.4243	18.2354	27.5118
	Leve	0.4537	0.1898	0.0574	2.3940
	Prf	0.0350	0.2926	-7.2612	1.1722
	LAZ	1.2203	0.7086	0.1732	7.6506
	LDR	1.9886	1.4875	0.2268	14.6280
	Sub	16.2701	1.5600	9.5043	22.2747
新生企业（N=17）	RDint	0.0369	0.0272	0.0006	0.1351
	Time	8.5882	5.1688	1.0000	24.0000
	Size	21.4807	1.2796	18.8908	24.3673
	Leve	0.4425	0.1579	0.1116	0.7593
	Prf	0.0715	0.1728	-1.2564	0.6752
	LAZ	1.3039	0.7101	0.3294	4.2066
	LDR	1.7841	1.2575	0.2419	7.8988
	Sub	16.4905	1.6796	9.1072	19.5529

表6-3　　　　　　　　按企业规模分组的变量平均值

变量	小规模企业	中等规模企业	大规模企业	全样本
RDint	0.0490	0.0400	0.0310	0.0400
Time	7.6880	8.0400	8.3380	8.0283
Size	19.9730	21.2040	22.7640	21.3430
Leve	0.3590	0.4550	0.5370	0.4519
Prf	-0.0010	0.0600	0.0620	0.0409
LAZ	0.8590	1.2000	1.6190	1.2337
LDR	2.6350	1.7950	1.4680	1.9558
Sub	15.4110	16.0700	17.3680	16.3052

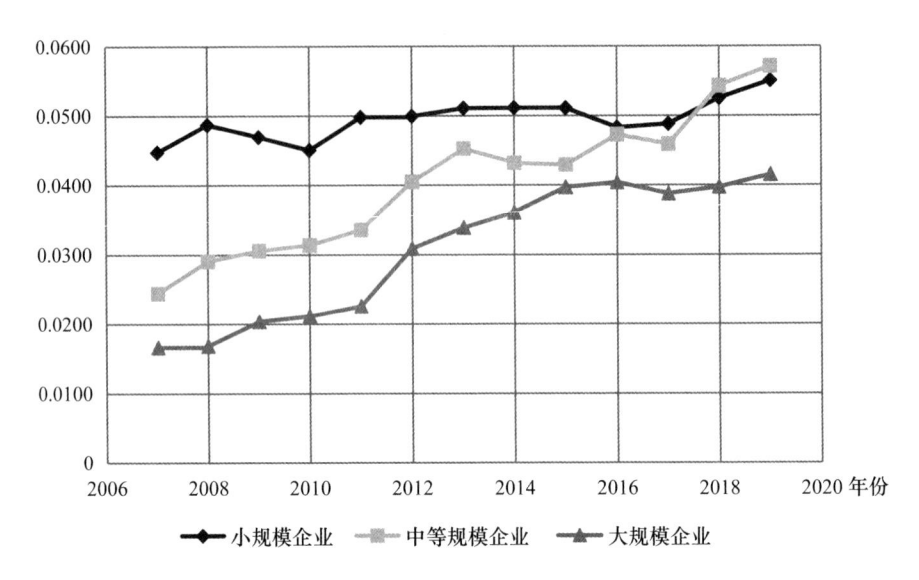

图6-1 不同规模企业研发投入密度平均值年度变化

表6-4 主要变量的相关系数表

	Size	Leve	Prf	LAZ	LDR	Sub
Size	1.0000					
Leve	0.4197*	1.0000				
Prf	0.0643*	-0.2576*	1.0000			
LAZ	0.4404*	0.1748*	0.0832*	1.0000		
LDR	-0.3661*	-0.6927*	0.1591*	-0.2328*	1.0000	
Sub	0.6981*	0.2374*	0.0304	0.1027*	-0.2576*	1.0000

第三节 实证结果与分析

一 回归结果分析

由于在模型设定部分已通过豪斯曼检验确定了固定效应比随机效应更加适用,因此本书的所有回归均采用面板数据固定效应模型。2012年出台的相关规划如《关于深化科技体制改革加快国家创新体系建设的意见》提出了落实企业研发费用税前加计扣除政策,适用范围包括战略性新兴产业、传统产业技术改造，加大企业研发设备加速折旧等政策的落实力度，《高端装备制造业"十二五"发展规划》提出了鼓励支持企业加大技术改造等措施，这样的政策措施针对传统转型企业的技术融合特点，目的是促进企业加大技术创新的投入。因此考虑到此项政策可能带来的影响，在回归时，将全样本按时间范围分成了两个样本，分别是2007—2011年，2012—2019年。同时，通过企业来源虚拟变量将全样本进而分成两组分别回归。表3显示了主要变量的回归系数结果。

进入时机对企业研发创新的影响。从回归1到回归5的回归结果来看，进入时机的系数都是显著为正的。这表明越早进入战略性新兴产业的企业，企业的研发投入密度越大。这一发现与帕克和康（Park and Kang，2010）的研究结果类似，帕克和康（Park and Kang，2010）通过对多个国家的太阳能电池企业数据的实证研究发现进入时机对企业创新产出具有正向影响，先进入企业具有更高的创新产出。战略性新兴产业的高技术特征，使得越早进入的先驱企业需要投入大量资金进行研发，而后进入的企业除了自主研发以外还可以通过购买在位企业的专利而减少研发活动。另外，新的进入能够引致投入产出的重新分配、知识外溢并给在位企业带来创新激励。对于一个产业来说，新企业的进入必然会对在位企业产生影响，熊彼特将这种影响看成是创造性的破坏，认为新旧更替就会带来变化。因此对于较早进入战略性新兴产业的企业来说，新进入的企业会给在位企业带来威胁，从而也在一定程度上促进了在位企业的研发创新。阿罗（Arrow，1962）的研究表明进入者对在位垄断者的创新具有较大的促进作用。阿格赫恩等（Aghion et al.，2009）考察了国内外企业的进入对在位企业专利的影响，研究表明，对于不同产业来说，这种影响是有差异的，对于距离技术前沿较为接近的产业来说，不断的进入威胁对在位者的专利产出和生产率增长具有促进作用。可见，较早进入的企业与晚进入的企业相比其具有更大的研发投入密度。

企业规模对企业研发创新的影响。从表6-5中回归1到回归5的结果来看，企业规模多数情况都是显著为负的。可见企业规模的增加反而抑制了研发投入密度的增加,这与描述性统计的结果类似。这表明小规模的企业由于经营灵活具有较大的创新动力。随着第三次技术革命而出现的一些新兴产业,不再像传统产业一样需要依赖雄厚的投资,而同样适宜于小企业投资经营。小企业具备了适应性强、专业化程度高、服务灵活等诸多优势,能更快地适应市场和经济情况的变化,因此小企业在战略性新兴产业中占据着重要的地位。

表6-5 主要变量回归结果

解释变量	2007—2011年			2012—2019年		
	(1)	(2)	(3)	(4)	(5)	(6)
	全样本	传统转型企业	新生企业	全样本	传统转型企业	新生企业
Time	0.0018***	0.0012*	0.0036**	0.0013***	0.0012***	0.0014
	(3.01)	(1.81)	(2.37)	(4.82)	(4.31)	(1.45)
Size	-0.0060**	-0.0041	-0.0094*	-0.0065***	-0.0082***	0.0011
	(-2.43)	(-1.42)	(-1.68)	(-4.29)	(-5.17)	(0.25)
Leve	0.0121	0.0080	0.0255	-0.0100*	-0.0073	-0.0123
	(1.35)	(0.81)	(1.10)	(-1.71)	(-1.23)	(-0.54)
Prf	-0.0052	-0.0076	0.0032	-0.0076***	-0.0067***	-0.0260**
	(-0.64)	(-0.52)	(0.31)	(-4.19)	(-3.76)	(-2.38)
LAZ	-0.0026	-0.0019	-0.0072	-0.0079***	-0.0083***	-0.0102**
	(-1.49)	(-1.00)	(-1.34)	(-4.06)	(-3.95)	(-2.05)
LDR	-0.0002	-0.0002	-0.0013	-0.0012	-0.0012	0.0005
	(-0.28)	(-0.26)	(-0.73)	(-1.46)	(-1.41)	(0.21)
Sub	0.0012*	0.0016**	-0.0008	0.0032***	0.0027***	0.0062**
	(1.75)	(2.17)	(-0.55)	(4.57)	(3.69)	(2.62)
常数项	0.1316***	0.0883	0.2214**	0.1340***	0.1801***	-0.0833
	(2.71)	(1.54)	(2.08)	(4.72)	(6.02)	(-1.02)
样本数	508	428	80	846	710	136

注:***、**、*分别表示在1%、5%和10%的显著性水平下显著,括号中为t值,所有模型均为固定效应模型。

按企业来源指标分组的回归结果对比。表6-5中的回归模型2、3、5、6是将全样本企业按照企业来源分成两组分别进行的回归,通过这样的分组回归考察不同企业来源的企业其研发创新是否呈现不同的特点。从核心解释变量的回归系数的对比来看,两组的系数存在差异,但是这个差异较小,因此需要考虑这两组回归系数是否在统计上存在显著的差异,这就需要下一部分运用Bootstrap组间差异检验来确定。因此关于传统转型企业与新生企业回归结果的对比分析放在下文的Bootstrap组间差异检验中来分析。

模型的稳健性检验。一般来说,计量模型的稳健性可以通过更换计量指标,更换样本区间,增加或减少解释变量等方法来检验。表6-5中的六个回归模型包括全样本以及不同样本分组,在这几种不同的情况下进入时机的系数均显著为正,且相差不大,这体现了模型结果的稳健性。

二 Bootstrap 组间差异检验

从回归结果来看,传统转型企业和新生企业模型的变量回归系数存在差异。那么在统计上这种差异是否显著需要进行检验。确定回归系数是否存在显著差异的传统检验有Chow检验和Wald检验。然而Chow检验的一个重要假定是要求两个样本组中的误差项的分布是相同的,相当于同方差假设,因此Chow检验多数被用在时间序列模型中。Wald检验则要求误差项是独立的。在面板数据模型中,这些传统检验的假设要求不能被满足,因此也不适用。本书借鉴Cleary（1999）对按融资约束条件不同分组企业所用的Bootstrap组间差异检验方法,来检验传统转型企业和新生企业模型回归系数是否存在统计上的显著差异。Bootstrap组间差异检验通过计算观测到的组间系数差异的经验P值,从而确定组间回归系数是否存在统计上的显著差异。Bootstrap组间差异检验的原假设是:两组数据的回归系数是相同的。主要的思路是在原假设成立的条件下,意味着原来按照某一标准被分成两组的数据是来自同一总体,那么将这两组数据重新混合到一起,在这一总体中按照原来的比例随机将数据分成新的两组,这两组的回归系数应该是不存在显著差异的。因此通过不断的重新抽样,将观测到的两组数据的实际差距与非常多次抽样得到的系数差距比较,计算出经验P值,从而得到接受或拒绝原假设的结论。经验P值是指多次重复抽样得到的系数差异超过实际观测到的系数差异的百分比,例如如果经验P值小于0.05,那么得到的结论是在5%的显著水平上拒绝原假设,认为被检验的两组系数在统计上存在显著差异。

本书进行Bootstrap组间差异检验的步骤为:首先设定重复抽样的次数为2000次,每次抽样的过程是相同的。每次抽样都随机地将全样本分成两组,一组为17家企业,另一组为89家企业,分别对每一组样本进行固定效应面板回归,然后将两组样本回归系数的差异存储起来。最后将这2000次重复抽样回归的系数差异结果与真实系数差异进行对比,计算出经验P值,同时,还可以绘制出分布密度函数图。我们关注的变量系数差异是进入时机和企业规模,表6-6给出了经验P值。图6-2是根据统计结果绘制出的组间系数差异抽样分布密度图。

从表6-6中可以看出,当样本区间在2007—2011年时,进入时机的经验P值为0.0050,说明可以在5%的显著性水平下拒绝原假设,认为两组数据的回归系数存在统计上的显著差异。从回归2和3来看,传统转型企业进入时机的系数与新生企业相比较小,这表明在同一时点进入战略性新兴产业的新生企业与传统转型企业相比具有更大的研发创新激励。正如前文所定义的新生企业,新生企业包括两类企业,一类是原来就存在的企业但属于与战略性新兴产业完全不相关的某个传统产业,另一种则是成立时就进入战略性新兴产业的企业。由于对于新生企业来说,其进入的战略性新兴产业是完全陌生的领域,这些新生企业要比同一时点进入的传统转型企业投入更多的研发资金,才能在短时间内形成一定的生产能力,并尽快占领市场。而对于传统转型企业来说,其在原有的传统领域已经掌握了较为成熟的技术,在转向战略性新兴产业的同时，对于开发新技术的积极性与新生企业相比要小。

当样本区间在 2012—2019 年时，进入时机的经验 P 值为 0.3960，说明不能拒绝原假设，认为两组数据的回归系数不存在统计上的显著差异，也就是认为传统转型企业进入时机的系数与新生企业相比是无差异的。这一结果也证明了自 2012 年开始针对传统转型企业实行的各项创新政策起到了应有的作用。在同一时点进入战略性新兴产业的传统转型企业与新生企业相比具有相同的研发创新激励。

表 6-6　Bootstrap 组间差异检验的经验 P 值

时间范围	解释变量	系数真实差异	经验 P 值
2007—2011	Time	-0.0023	0.0050
2012—2019	Time	-0.0002	0.3960

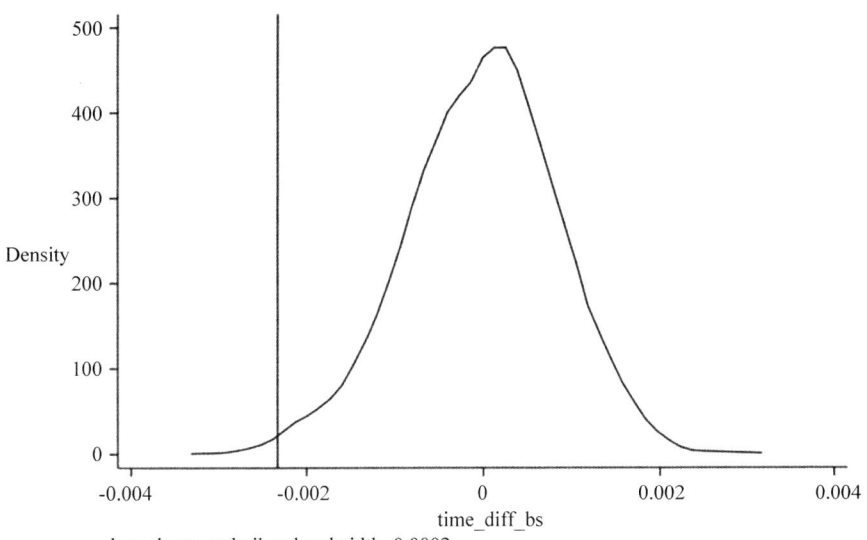

（a）2007—2011 年

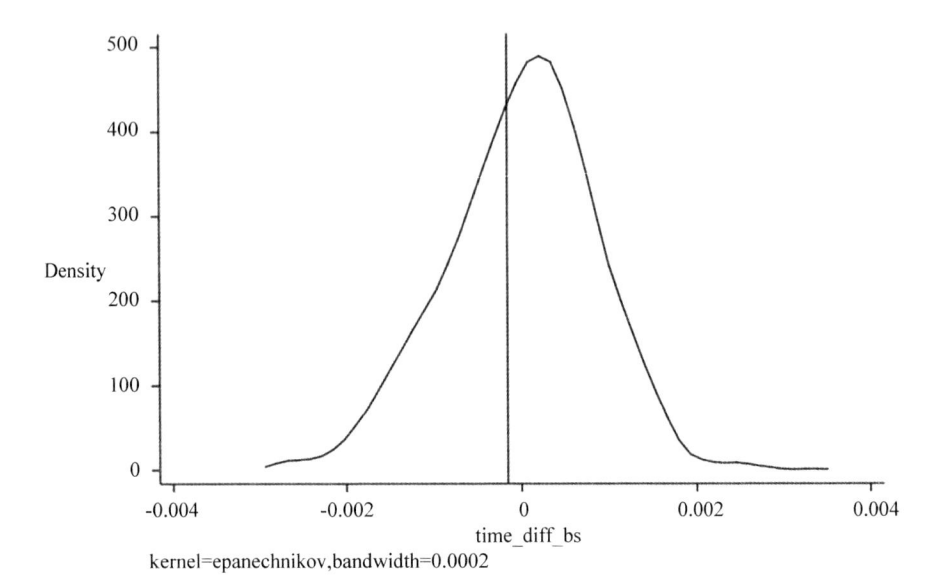

(b) 2012—2019 年

图 6-2 Time 系数的组间系数差异抽样分布密度图

第七章 外部创新视角下战略性新兴产业创新驱动的实证分析

本章从外部创新的视角出发，对企业技术引进和并购带来的创新效应分别进行经验验证，以期为相应的政策建议提供参考。

第一节 技术引进对战略性新兴产业创新效率影响的实证分析

一 研究设计

1. 样本选择与数据来源

以战略性新兴产业上市公司为研究样本，在综合考虑数据的可获得性以及样本容量基础上，并剔除了 ST 公司和数据缺失的公司后，选取了 2012—2015 年 98 家企业作为研究样本。相关数据来源于 Wind 数据库、国泰安（CSMAR）数据库以及上市公司公布的年报。

2. 变量的指标选取

（1）被解释变量

被解释变量是企业的自主创新效率。从已有研究来看，对企业创新效率的测度主要有两种方法：一是非参数方法，如常用的数据包络分析（Data EnvelopeAnalysis，DEA）；二是参数方法，最常见的是随机前沿分析（Stochastic Frontier Analysis，SFA）。非参数方法的优点是无需顾忌产出函数的具体形式，从而在一定程度上避免了因函数形式的设定错误产生的问题，但DEA方法的缺点在于，没有考虑随机误差项对创新效率的影响，在这一点上，SFA方法弥补了DEA方法的缺点。而SFA方法则要求预先设定产出函数形式，并规定数据服从特定分布，但这种规定有没有依据，并没有理论加以支撑。综合上述分析，并考虑到实际的可操作性，借鉴苗敬毅、蔡呈伟（2012）、辛玉红、李星星（2013）等人的做法，最终选择了DEA方法测度企业的自主创新效率。

借鉴相关文献（庄涛、吴洪，2015；李小静、孙文生，2016），最终选择了能反映企业创新效率的投入产出指标。其中投入指标是R&D人员、R&D经费投入；产出指标是专利申请数，见表7-1。本书没有选取企业的专利授权数作为产出指标的主要原因是，由于专利授权往往具有时滞性，企业当期的专利授权不能反映企业当期的创新产出水平，并且滞后期不易把握，而专利申请数能较好地体现企业的创新产出水平，因此选取企业当期的专利申请数作为企业创新的产出指标。

表7-1　　　战略性新兴产业上市公司自主创新效率指标体系

指标类型	具体指标	指标单位
投入指标	当期R&D人员人数	人
	当期R&D经费投入	万元
产出指标	当期专利申请数	个

（2）解释变量

技术引进。技术引进包括国内引进和国外引进，但上市公司年报中没有明确说明技术引进来源，因此本书中的技术引进是指一个公司从本国或其他国家、地区的企业等机构获取先进技术的行为。此外，从技术引进的对象来看，技术引进应包括先进工艺、产品设计、专利的购买，技术人才引进等。由于引进的技术人才不容易从总体中区分，因此本章只考虑企业外购的工艺、专利、技术使用权等项目。借鉴甄丽明、唐清泉（2010）和徐欣（2015）的做法，以上市公司年报中披露的"无形资产"项下，购置专利、非专利技术、工艺、技术使用权等作为技术引进的替代变量。

自主创新。以往文献对企业自主创新的衡量大体上分为两个方向，一是以创新产出作为衡量指标，二是以创新投入作为衡量指标。在创新产出方面，多数文献采用专利数衡量企业自主创新能力，虽然专利申请数是最直接的衡量标准，但专利申请具有滞后性，而且仅凭借数量并不能很好地区分不同专利的重要程度。另一方面，企业的创新投入分为研发人员的投入和研发经费的投入，由于企业年报中研发人员的缺失值比较严重，因此用技术人员替代研发人员。但技术人员中包括一些非研发人员，如果将其直接作为被解释变量可能会导致结果有偏误。在以往研究中，很多学者选择研发经费投入来度量自主创新。综上分析，最终选取企业研发经费投入作为企业自主创新的衡量指标。该数据来源于上市公司披露的年报，如果年报中明确列出"研发投入"一项，则以该项的本期金额作为自主创新的替代变量，如果年报中没有单独列出，则以"管理费用"项下的"研发费用"作为替代变量。

（3）控制变量

企业员工总数。以员工总人数替代技术人员作为控制变量，一方面考虑到技术人员作为投入指标已经引入被解释变量中，为避免多重共线性问题，此处不作为控制变量再引入；另一方面可以从企业总资产和员工总数两个方面更好地控制企业规模。

企业规模。企业规模的大小会在一定程度上影响企业创新效率，衡量企业规模通常使用销售额（聂耀华，2008）、企业人员数（朱平芳、李磊，2006）、总资产（徐欣，2015；李小静、孙文生，2016；肖利平，2016），本章借鉴多数文章的做法，采用企业总资产的自然对数作为企业规模的替代变量。

企业财务风险。资产负债率增加有可能促使企业追加自主创新投资，追加的投资有没有切实帮助企业扭转局面、渡过难关，其自主创新效率在负债情况下是否会提高，有待进一步分析。

企业盈利能力。企业的盈利能力与财务风险是相对的,可以看作是从两个视角看同一问题,一般认为企业盈利能力与企业创新效率之间存在相关关系,所以盈利能力应该作为控制变量加以考察。

企业绩效。企业绩效的好坏影响技术引进与自主研发的经费投入,从而对创新效率产生一定影响,因此选用企业绩效作为控制变量,该指标选用每股收益作为替代变量。

专利数。该指标在一定程度上反映企业的研发水平,选用企业专利申请数衡量。

产学研。目前高技术产业公司越来越注重与高校合作研发,产学研指的是企业出资在高校设置研究机构,或委托高校培养对口人才,研发成功的技术和培养的研发人员为企业所用,还有一些公司直接由高校入股控股,充分利用高校和企业的资源,一旦研发成功,则实现了合作双赢。具体到战略性新兴产业,这一现象更是普遍。

产权性质。本章将产权性质分为国有和非国有,一般认为国有企业缺乏活力,由于其体制等方面的因素,可能会阻碍企业创新,降低创新效率。因此将产权性质作为虚拟变量引入模型。

变量的具体定义与度量方法见表7-2。

3. 模型设定

由于DEA方法测算出的创新效率的数值介于0—1之间,而面板Tobit模型刚好适用于因变量受限的情形,因此采用该模型进行回归分析。

根据研究内容,基本模型设定如下:

$$EFF_{it} = \alpha_0 + \alpha_1 TI_{it} + \alpha_2 RD_{it} + \sum_n \eta_n X_{it} + \varepsilon_{it} \tag{7-1}$$

其中,i代表不同的上市公司,t代表年份,EFF_{it}表示由DEA测算出的不同上市公司在2012—2015年间的创新效率,TI_{it}和RD_{it}分别代表技术引进强度和研发投入强度,此处借鉴朱平芳和李磊(2006)、徐欣(2012)、肖利平(2016)的做法,用强度替代数值来衡量。X_{it}表示其他控制变量,包括员工总数(Noe)、企业规模(Lnsize)、企业财务风险（Lev）、企业绩效（Eps）、专利数（PR）。α_0 为常数项，α_1、α_2 和 η_n 分别为技术引进、自主创新和各控制变量的回归系数。

表7-2　　　　　　　　　　变量定义与度量方法

变量类型	变量名称	符号	度量方法
因变量	创新效率	EFF	用 DEA 模型测算的创新效率值
自变量	技术引进	TI	企业当期技术引进金额/期初总资产
	自主创新	RD	企业当期 R&D 经费投入/主营业务收入
控制变量	企业员工总数	Noe	企业当期母公司和子公司员工总人数
	企业规模	Lnsize	企业当期总资产的自然对数
	企业财务风险	Lev	当期资产负债率=负债合计/资产总计
	企业盈利能力	Roa	当期资产报酬率=（利润总额+财务费用）/资产总额
	企业绩效	Eps	每股收益=净利润本期值/实收资本本期期末值
	专利数	PR	企业当期的专利申请数
	产学研	Iur	企业是否有产学研合作，有取"1"，没有取"0"
	产权性质	Eqs	企业的股权性质属于"国有"or"非国有"，如果是国有企业取"1"，非国有企业取"0"，其中非国有包括民营、外资及其他

进一步地，为考察产学研和产权性质对创新效率的影响，需要将这两个虚拟变量引入模型中。对于虚拟变量有三种处理方式，一种是将其直接放入模型中，即仅仅引入虚拟变量本身，这相当于在变化前后对模型的截距项产生影响；一种是引入虚拟变量与解释变量的交互项，这相当于影响了模型的斜率；第三种综合前两种做法，既考察虚拟变量对模型截距的影响，同时也考察对模型斜率的影响。考虑到虚拟变量对模型并没有确定性影响，因此借鉴徐欣（2015）的处理方式，分别引入了虚拟变量及虚拟变量和技术引进、自主创新的交互项。为了进一步考察

技术引进是否对自主创新效率有非线性影响，在模型中加入技术引进的二次项，具体模型设定如下：

$$EFF_{it} = \alpha_0 + \alpha_1 TI_{it} + \alpha_2 RD_{it} + \alpha_3 TI^2_{it} + \alpha_4 Iur_{it} + \alpha_5 Eqs_{it} + \alpha_6 TI * Iur_{it} + \alpha_7 TI * Eqs_{it} + \alpha_8 RD * Iur_{it} + \alpha_9 RD * Eqs_{it} + \sum_n \eta_n X_{it} + \varepsilon_{it}$$

(7-2)

4. 描述性统计与相关性分析

样本数据的描述性统计结果如表7-3所示。从表中可以看出，创新效率的最大值为1，最小值为0.009，平均值为0.333，标准差为0.271，说明企业创新效率的差异性较大；技术引进的最大值为0.077，最小值为0，平均值为0.001，标准差为0.004，可见，企业技术引进情况同样具有一定差异性。

表7-3　　　　　　　　　　变量描述性统计

变量类型	变量名称	样本量	均值	标准差	最小值	最大值
因变量	创新效率	392	0.333	0.271	0.009	1
自变量	技术引进	392	0.001	0.004	0	0.077
	自主创新	392	0.046	0.032	0.0002	0.212
控制变量	企业员工总数	392	7339.122	13171.56	39	95498
	企业规模	392	22.570	1.285	20.056	27.040
	企业财务风险	392	0.473	0.199	0.031	0.972
	企业盈利能力	392	0.035	0.052	-0.542	0.177
	企业绩效	392	0.265	0.542	-4.247	2.801
	专利数	392	40.638	230.520	0	3602
	产学研	392	0.459	0.499	0	1
	产权性质	392	0.426	0.495	0	1

从表7-4样本总体的相关性分析结果可以看出，技术引进与自主创新的相关系数小于0.1，说明二者的总体相关性不高。这可能存在三

方面原因：其一，本章选取的样本点较少，不足以代表总体。其二，在战略性新兴产业中，企业技术引进和自主创新之间不存在替代互补效应。其三，根据前文分析可知，企业的技术引进与研发投入之间有可能存在替代性或耦合性。如果一个样本中，一部分企业的技术引进与研发投入相互替代，而另一部分企业相互促进，则最终呈现的结果是二者不相关。为了验证是否存在某个临界点使企业之间体现出不同性质，分别选择产权性质和平均企业规模作为分组依据，进行分组相关分析。

表7-4 技术引进与自主创新的相关系数

总体	按产权性质分组		按平均企业规模分组		
	国有企业	非国有企业	大型企业	中型企业	小型企业
0.0149	0.0387	0.0391	0.0926	0.0196	0.0374

按产权性质分组的相关性分析结果显示，国有企业和非国有企业在技术引进与自主创新的相关性上差别不大。另外，非国有企业的员工人数与专利数的相关程度（0.7）高于国企（0.4），这说明非国企的员工边际生产率更大，有效劳动率更高。按平均企业规模分组的结果表明，企业规模不是技术引进与自主创新相关性较低的主要原因。

综上所述，前两个原因的可能性较高，且第二个原因侧面佐证了孙建、吴利萍（2009）提出的观点：只有在低技术工业企业中，技术引进与自主创新才表现出替代关系。因此，在以高技术为主导的战略性新兴产业领域，技术引进和自主创新之间很可能不存在替代互补效应。此外，企业盈利能力（Roa）与企业绩效（Eps）之间一直表现出较高的相关度，相关系数超过0.8，如果同时作为控制变量引入模型会带来严重的多重共线性，因此在模型设定时应充分考虑这一点。

二 实证结果分析

本部分选取的是2012—2015年的短面板数据，所以无需进行平稳性检验。目前面板 Tobit 模型只适用于随机效应，这是因为对于固定效应的 Tobit 模型，找不到个体异质性（ε_{it}）的充分统计量，所以无法对其进行条件最大似然估计。如果放弃面板 Tobit 模型，转而采用在混合 Tobit 回归中加入面板虚拟变量的做法，所得出的固定效应估计量也是不一致的（陈强，2014）。因此在估计过程中需辅助 LR 检验判断模型是否适用。

表 6 – 5 是 Tobit 模型的回归结果及 LR 检验报告值，采用逐步增加变量的方法，依次得到如下四个模型：

表 7 – 5 　技术引进、自主创新对创新效率影响的 Tobit 回归结果

变量	模型 1	模型 2	模型 3	模型 4
TI	10.5657 (1.19)	27.6974 ** (2.48)	29.7662 *** (2.55)	2.7432 (0.44)
RD	−1.0428 * (−1.80)	−1.1566 ** (−2.00)	−0.9539 * (−1.65)	−1.3660 *** (−3.11)
TI^2		638.7537 ** (2.48)	516.7838 ** (2.03)	−41.0529 (−0.48)
Noe	−5.61e−06 *** (−2.70)	−5.79e−06 *** (−2.78)	−6.64e−06 *** (−3.17)	−4.97e−06 ** (−2.35)
PR	0.0044 *** (10.84)	0.0046 *** (11.07)	0.0046 *** (10.96)	0.0042 *** (10.41)
Eps	−0.0502 ** (−2.14)	−0.0608 *** (−2.57)		−0.0425 * (−1.90)
Lev	−0.2020 ** (−2.14)	−0.1953 ** (−2.08)	−0.1727 * (−1.82)	−0.1842 * (−1.94)
lnsize	−0.0640 *** (−2.93)	−0.0638 *** (−2.93)	−0.0639 *** (−2.88)	−0.0659 *** (−3.00)
Eqs	0.0981 (1.62)	0.1060 * (1.76)	0.1013 * (1.65)	
Iur	0.0542 (0.91)	0.0595 ** (1.00)	0.0709 (1.17)	
TI × Iur	2.5459 (0.35)	−28.2860 ** (−1.97)	−30.0772 ** (−2.09)	

续表

变量	模型1	模型2	模型3	模型4
TI×Eqs	-14.3333** (-1.96)	-49.4849*** (-3.11)	-40.4018*** (-2.59)	
RD×Iur	0.2165 (0.23)	0.2910 (0.32)	0.1277 (0.14)	
RD×Eqs	-2.2243** (-2.01)	-2.3243** (-2.11)	-2.3074** (-2.07)	
_cons	1.8379*** (3.88)	1.8333*** (3.89)	1.8033*** (3.75)	1.9240*** (4.06)
Wald chi2	160.87	167.43	156.54	147.69
Prob > chi2	0.0000	0.0000	0.0000	0.0000
LR Test chibar2	174.78	179.83	194.75	209.22
Prob >= chibar2	0.000	0.000	0.000	0.000

注：在1%、5%、10%的显著性水平下显著分别用***、**、*表示，括号内为变量对应的Z值。

模型1—3中，加减变量并没有导致其他变量的系数和显著性有太大变化，这表明模型整体的稳健性较好。LR检验的P值均显著，强烈拒绝原假设，应该使用随机效应的面板Tobit回归，这也证明了模型设定基本无误。为了考察技术引进二次项是否对模型有重要影响，在模型2至4中引入该变量，与模型1进行对比。后四个模型之间的差别在于控制的变量不同，考虑到相关性分析结果，模型2剔除了企业盈利能力变量（Roa），模型3在模型2的基础上剔除了企业绩效变量（Eps），模型4剔除了虚拟变量。根据回归结果，得出以下几个结论：

1. 企业技术引进与创新效率之间存在明显的正U形关系

模型1中，技术引进的一次项并不显著，当进一步加入技术引进二次项时，其一次项和二次项都在5%显著性水平上显著，同时模型的拟合程度更好，这说明企业技术引进与创新效率之间存在非线性关系。模型4报告了在没有虚拟变量的情况下，企业技术引进对创新效率的影响，从中发现，技术引进的一次项（TI）和二次项（TI2）均不显著，但其他变量仍保持原有的显著性。这表明技术引进与创新效率之间的非线性关系受到产学研和企业产权性质的影响。由于模型2中剔除了相关性过高的变量，因此接下来的讨论以该模型为参照。

回归结果显示，技术引进一次项（TI）、技术引进二次项（TI2）与企业创新效率（EFF）都呈现出显著正相关关系。其中一次项的回归系数约为27.7，说明企业进行技术引进在一定程度上有助于创新效率提高；二次项回归系数约为638.8，说明技术引进对创新效率的影响并非是单调递增的，而是显著的U形曲线。企业在技术引进初期，消化吸收能力较弱，引进的技术并不能完全转化为创新能力，因此这一阶段企业的技术引进会抑制其创新效率。随着时间推移，企业学习能力增强，逐步吸收并掌握了外来技术，使其内化为竞争力。技术引进在跨越了"门槛"之后，开始对创新效率产生正向影响。这一结论表明技术引进处于引进到消化吸收的过渡阶段。王伟光、冯荣凯（2015）采用脉冲响应函数分析了辽宁省大中型工业企业的技术效率对技术引进冲击的响应，结果显示，初期阶段技术引进对技术效率产生负向影响，经过极小值后开始产生正向影响。这证明了在战略性新兴产业中，企业技术引进对创新效率的影响是一个先递减后递增的过程。

2. 企业自主创新与创新效率显著负相关

企业自主创新变量在模型2中通过了置信水平为5%的显著性水平检验，且系数变化不大，约等于-1。由回归结果可知，自主研发反而抑制了企业创新效率。这表明，在战略性新兴产业领域，我国企业的自主创新仍处于低级阶段，增加研发投入没有取得预期效果。这可能是由三方面原因造成的：其一，企业研发能力弱，自主创新没有发挥出最佳效果；其二，企业资金有限，研发投入强度低，直接导致创新效率低下；其三，企业的研发经费一部分来源于企业内部投资，另一部分来源于政府补贴。一些学者研究发现，企业并没有完全将政府补贴应用于自主研发项目，这导致企业的实际研发投资小于披露的数据，投入与产出不匹配。基于以上三个原因，目前战略性新兴产业的企业自主创新没能对创新效率产生积极影响。

3. 企业规模与创新效率之间成反比

模型中的两个控制变量均可反映出企业规模信息，一是企业总资产（lnsize），二是员工总人数（Noe）。两个变量从不同的角度对企业规模进行刻画。lnsize 在五个模型中都通过了置信水平为 1% 的显著性检验，而且模型系数均为负，Noe 在模型 1 至 3 中通过了置信水平为 1% 的显著性检验，显著性较好，而且与 lnsize 的系数符号均相同。因此我们将二者相结合，分析对创新效率的共同影响。

回归结果显示企业规模的系数为负，说明企业规模越大，创新效率越低。结合之前得出企业规模越大，研发投入越多的结论，发现企业规模扩大确实能增加其研发投入，但增加的研发投入没有得到相应的产出，反而降低了企业创新效率。企业规模的系数虽为负，但总体值较小，绝对值不超过 0.1，可以看出企业规模扩大只能在一定程度上对创新效率产生抑制作用，这并不是造成战略性新兴产业整体创新效率低下的主要因素。学术界针对企业规模能否促进创新效率的提高，做出过很多研究，但迄今尚未得出统一结论。虽然大企业更具有融资优势、创新优势和抗风险能力（白俊红，2011），但当企业跨过了平均成本最低点之后，会进入规模不经济阶段，此时企业部门庞杂，机构冗余的缺点逐渐显现，研发经费虽然增加但多数是无效投入，极易造成资源浪费。上述研究中，企业规模对创新效率产生轻微抑制作用，这也从另一个角度说明企业规模不能促进创新效率提高。

4. 产学研对于企业技术引进与创新效率之间的关系存在调节效应

产学研与技术引进的交互项（TI×Iur）与创新效率呈显著负相关关系，回归系数约为技术引进一次项系数的相反数，这说明有产学研的企业进行技术引进会降低创新效率，而这个影响恰好抵消了企业技术引进对创新效率产生的正向影响。因此不考虑其他因素的影响，当企业与科研院所或高校有紧密合作时，其技术引进最终对创新效率的影响接近 0，企业更注重自主研发或与其他机构合作研发，外购先进技术并不是这类企业提高创新效率的主要手段。产学研（Iur）的系数只在模型2中显著为正，且系数值较小，表明产学研虽然在一定程度上可以促进企业创新效率提高，但并没有发挥应有作用，企业在内化产学研合作方面有较大提升空间。

5. 产权性质对于企业技术引进、自主创新与创新效率之间的关系存在调节效应

产权性质与技术引进的交互项（TI×Eqs）与创新效率呈显著负相关关系，回归系数为-49.5。说明企业产权性质对于技术引进与创新效率之间的关系存在调节效应，国有企业的技术引进对创新效率产生负向影响。产权性质与自主创新的交互项（RD×Eqs）与创新效率呈显著负相关关系，回归系数为-2.3，表明产权性质通过作用于企业自主研发投入进而对创新效率产生负向影响。这是因为国有企业自诞生以来，就依靠政府政策和资金的支持不断壮大，但正由于国企凭借政府的保驾护航，国企的管理者和经营者往往缺乏创新的动力，而且创新是一个长期投入过程，周期越长越会增加不确定性风险，"不求有功但求无过"的做法让这些企业的管理者逐渐背离了企业利润最大化的初衷，也放弃了创新转而寻求其他捷径。对创新的漠视使得企业在花大价钱购买先进技术之后，没有挖掘它的内在价值，也没能吸收技术的精华部分，只等着市场将落后技术淘汰，再进行新一轮购买。反观非国有企业，其市场竞争更加激烈，而且在战略性新兴产业领域，要想获得可观的利润，只有通过技术引进和技术创新。此外，我国的国有控股企业还存在体制僵化、管理混乱等问题，这些都导致了国有企业在自主创新和吸收消化外来技术上的表现逊于非国有企业，从而降低了创新效率。通过两项系数对比，发现国有企业的这一现象在技术引进方面更为突出，效率损失更为严重。

三 稳健性检验

为了检验上述结论是否可靠，我们对核心解释变量技术引进进行了指标的替换，以"技术引进金额/主营业务收入"替换"技术引进金额/期初

总资产",回归结果如表7-6所示。稳健性检验的结果显示,技术引进、技术引进二次项、研发投入、企业规模等变量的显著性和符号没有发生实质性变化,表明模型对变量选取的敏感度较低,回归结果是稳健的。

表7-6 稳健性检验

变量	系数	标准差	Z值	P值
TI	13.7205	5.6430	2.43	0.015
RD	-1.0901	0.5884	-1.85	0.064
TI^2	123.5173	66.3456	1.86	0.063
Noe	-5.34e-06	2.07e-06	-2.58	0.010
PR	0.0044	0.0004	10.91	0.000
Eps	-0.0896	0.0427	-2.10	0.036
Roa	0.2845	0.3812	0.75	0.456
Lev	-0.1964	0.0932	-2.11	0.035
lnsize	-0.0631	0.0216	-2.92	0.003
Eqs	0.1104	0.0600	1.84	0.066
Iur	0.0487	0.0589	0.83	0.409
TI × Iur	-9.8718	6.6905	-1.48	0.140
TI × Eqs	-25.5001	9.7688	-2.61	0.009
RD × Iur	0.3769	0.9216	0.41	0.683
RD × Eqs	-2.3661	1.1007	-2.15	0.032
_cons	1.8147	0.4689	3.87	0.000
LR Test chibar2	176.57			
Prob > = chibar2	0.000			

第二节 并购对战略性新兴产业创新绩效影响的实证分析

并购作为企业进行外部扩张的途径,不仅可以扩大企业规模、巩固市场地位，也逐渐成为企业获取技术资源的重要手段。近年来，我国并购事件呈现逐年上升的趋势。从交易规模来看，据 Wind 中国并购数据库统计，2017 年中国发生 16675 起并购事件，交易金额达到 8.41 万亿元，同比增长 369.95%，创下历史新高。在并购目的方面，企业并购不再仅限于获取市场地位、扩大企业规模、进入新市场等目的，越来越多的企业更加关注获取技术，吸收被并购企业知识，提高自身研发和创新能力的并购。王宗光等（2009）研究显示中国企业以获取技术为目的的跨国并购占第二产业并购案件总数的比例达到了 82.56%。该现象表明，我国企业已将并购作为获取外部技术资源的重要途径，越来越多的企业选择进行技术并购。企业由单纯依靠自身内部研发向外部获取技术的方式进行转变，以此来获取被并购方的核心技术或核心研发人员，提升企业自身的创新能力。战略性新兴产业中的企业也关注到了并购对于技术获取的便利性，近年来并购事件也在逐渐增多，并购作为一种相比于内部研发更快获取技术的方式被广泛应用。那么战略性新兴产业中的并购是否推动了其创新绩效的提升，本部分将着重探讨并购的创新效应，从企业并购经验、并购价格两个方面分析并购对战略性新兴产业上市公司创新绩效的影响，以及企业自身资产专用性程度对两者的调节作用。

一　研究设计

（一）样本选择

本部分以战略性新兴产业上市公司发生的并购事件为研究样本。考虑到 2010 年及以前的并购事件较少，所以选择 2011—2015 年作为观测区间，共搜集了 188 家公司的 346 次并购事件。所用数据来源于 Wind 数据库披露的沪深交易所上市公司并购事件。专利数据来源于国泰安数据库以及国家知识产权局专利查询系统，由于计量需要，本章实际收集了 2010—2017 年的专利申请数及控制变量的相关指标。财务数据、研发投入、并购价格、并购次数等信息均来自于 Wind 数据库。为了减少异常值的影响，本部分对连续变量进行了 1% 水平上的缩尾（Winsorize）处理。

在并购样本中，遵循以下原则对样本进行了筛选：（1）主并公司为战略性新兴产业上市公司；（2）并购公告时间完整，只选取并购进程为成功、签署转让协议的事件；（3）借鉴王宛秋、马红君（2016）的做法选取的并购事件是主并企业获得目标公司的控股权不低于 20% 的，从而对被并企业的经营决策有较大影响；（4）剔除 ST 类以及数据缺失公司的并购事件；（5）若同一年发生多次并购事件，则取交易额最大的一次作为研究样本；对同一公司在不同年份的多次并购分别以多次事件计入。

（二）指标选取与数据来源

1. 被解释变量

被解释变量是企业的创新绩效。学术界对创新绩效的指标选取存在一定的差异，国外文章多采用新产品产值占总销售额的比重、新产品开发速度、R&D 投入、专利申请数和专利授权数等指标；基于数据的可获得性，国内文章多选取 R&D 投入、专利申请数和专利授权数。企业并购后可以获取被并购企业的专利、技术和关键技术人员进行创新，随着统计数据的发展以及指标选取的准确性要求，近年来学者广泛采取专利数作为较客观的创新绩效的衡量指标。同时考虑到企业研发存在滞后性，并购当年的专利申请数并不能完全代表并购对企业创新的影响，借鉴 Ahuja & Katila（2001）的做法，选取并购当年、并购后一年、并购后两年共三年的专利申请数之和来衡量并购创新绩效。

2. 解释变量

并购经验：借鉴海沃德（Hayward，2002）的做法，采用以往并购次数来衡量企业并购经验。

并购价格：企业并购交易额的对数。

3. 调节变量

资产专用性：国内外学者对于企业资产专用性衡量的指标主要分为

单一指标和综合指标两类，单一指标有资产清算价值、固定资产占总资产比率、无形资产占总资产比率、研发费用占主营业务收入比率等，综合指标有基于财务指标构建的退出价值方程、采用主成分分析法构建的资产专用性指数等。基于某些指标数据的可获得性，本章借鉴李青原等（2007）、徐虹等（2015）使用的研发强度（研发费用/主营业务收入）指标、科利斯和蒙戈迈尔（Collis & Mongotmeyr, 1997）、胡雪峰、吴晓明（2015）使用的无形资产与总资产的比率为基础，采用主成分分析法构建综合的资产专用性指标，且指数越大，资产专用性越强。

4. 控制变量

根据以往研究，本章将企业规模、企业成长能力、企业资本结构、企业偿债能力、董事会规模、潜在吸收能力、企业年龄作为控制变量引入研究。

企业规模。采用企业总资产、员工总数、营业收入对数衡量企业规模。

企业成长能力：成长能力是企业未来的发展趋势和发展速度，包括企业规模的扩大，利润和所有者权益的增加。借鉴《中国资本市场投资词典》对成长能力的定义，选取了营业利润率、净利润增长率、每股收益增长率来衡量企业成长能力。

企业资本结构。企业资产负债率代表了企业的资本结构。因此采用企业并购前一年的资产负债率。

企业偿债能力。采用并购前一年企业自由现金流，并用总资产标准化。

董事会规模。董事会代表了企业的管理层，掌握着企业管理的核心，董事会人数从一定程度上代表了企业的管理能力。因此采用企业并购前一年的董事会人数。

潜在吸收能力。企业技术人员数量代表了企业的潜在技术吸收能力。因此采用并购前一年的技术人员占总员工数之比。

企业年龄。并购发生当年与企业成立年份的差值。

变量的具体定义及度量方法见表 7-7。

表 7-7　　　　　　　　变量定义与度量方法

变量类型	变量名称		变量符号	度量方法
被解释变量	创新绩效		Patent	并购当年及后两年的专利申请数之和
解释变量	并购经验		Exp	企业以往总并购次数
	并购价格		Tra	并购额对数
调节变量	资产专用性 Pro	研发强度	Rd	企业并购前一年研发费用与主营业务收入比值
		知识基础	Imm	企业并购前一年无形资产与总资产比值
控制变量	企业规模 Siz	总资产	Ass	企业并购前一年总资产对数
		员工总数	Emp	企业并购前一年员工总数对数
		营业收入总额	Inc	企业并购前一年营业收入对数
	企业成长能力 Gro	营业利润增长率	Ope	企业并购前一年营业利润增长率
		净利润增长率	Rat	企业并购前一年净利润增长率
		每股收益增长率	Ear	企业并购前一年每股收益增长率
	企业资本结构		Liab	企业并购前一年资产负债率
	企业偿债能力		Cash	企业并购前一年自由现金流与总资产比值
	董事会规模		Cha	并购前一年董事会人数
	潜在吸收能力		Pos	企业并购前一年技术人员占总员工人数比
	企业年龄		Age	企业并购前一年与成立年份差值

采用总资产、企业员工数量、营业收入、营业利润增长率、净利润增长率、每股收益增长率、研发强度、知识基础 8 个指标进行因子分析，从而获得企业规模、企业成长能力、资产专用性的指标测度值。

首先检验选取的指标是否适合做因子分析，通过 KMO 检验和 Bartlrtt 球形检验得其 KMO 为 0.645，Bartlrtt 球形检验显著性小于 0.01，累计方差贡献率 79.25%，说明选取的指标适合做因子分析，然后对因子载荷矩阵进行旋转，得到因子得分。从表6-8旋转后的因子载荷矩阵可以看出，总资产、企业员工数量、营业收入在因子1上有较大的载荷量，营业利润增长率、净利润增长率、每股收益增长率在因子2上载荷量较大，研发强度、知识基础在因子3上载荷量较大。因此用因子1代表企业规模，因子2表示企业成长能力，因子3表示企业资产专用性。最后，将提取的主成分因子表示为其所代表的原始变量的线性组合，得到企业规模、成长能力与资产专用性得分，以便进行下一步的回归分析。因子得分表达式如下：

$$Siz = 0.3443 Ass + 0.338\ Emp + 0.368 Inc - 0.010 Ope - 0.013 Rat +$$
$$0.002 Ear - 0.071 Rd - 0.068 Imm \tag{7-1}$$

$$Gro = -0.0107 Ass - 0.0135\ Emp - 0.035\ Inc + 0.363 Ope + 0.517\ Rat +$$
$$0.116 Ear - 0.026 Rd - 0.039 Imm \tag{7-2}$$

$$Pro = -0.0106 Ass - 0.1029\ Emp - 0.001\ Inc + 0.055 Ope +$$
$$0.046\ Rat - 0.190 Ear - 0.5074 Rd + 0.8241 Imm \tag{7-3}$$

表7-8　　　　　　　　　　旋转后的因子载荷量

变量	因子1	因子2	因子3
Ass	0.937	0.144	-0.005
Emp	0.909	0.038	-0.115
Inc	0.966	-0.014	-0.001
Ope	0.045	0.801	0.055
Rat	0.008	0.852	0.046
Ear	0.056	0.923	-0.190
Rd	-0.071	0.026	-0.734
Imm	-0.068	0.039	0.865
KMO值	0.645		
Bartlett Test Sig.	0.000		
累计方差贡献率	79.25%		

3. 描述性统计与相关性分析

样本数据的描述性统计结果如表7-9所示。从表中可以看出，专利数的最大值为12047，最小值为0，平均值为193.514，标准差为998.893，说明发生并购的企业专利产出差异比较大；企业规模、成长能力、资产专用性三个变量的均值为0，标准差为1，是因为因子分析后得到的变量服从标准正态分布。各个企业的并购经验与并购价格也存在不同程度的差异。

表7-9　　　　　　　　　变量描述性统计

变量	样本量	平均值	标准差	最小值	最大值
Patent	346	193.514	998.893	0	12047
Exp	346	2.543	2.945	0	17
Tra	346	19.001	2.077	10.257	24.616
Ass	346	21.402	1.059	19.12	26.16
Emp	346	7.153	1.122	3.367	12.139
Inc	346	20.593	1.254	17.616	26.468
Ope	346	-2.156	502.364	-5421.49	3552.91
Rat	346	-21.818	444.761	-5342.3	1880.93
Ear	346	-31.810	339.850	-2500	666.667
Siz	346	0	1	-1.484	2.8
Gro	346	0	1	-3.714	3.23
Pro	346	0	1	-3.556	5.168
Liab	346	33.806	19.528	2.61	139.86
Cash	346	-.044	0.137	-1.331	.659
Cha	346	8.581	1.663	5	15
Pos	346	26.186	18.353	2.4	87.19
Age	346	14.251	4.647	5	28

通过相关性分析，考察企业并购经验、并购价格解释变量，调节变

量资产专用性和各控制变量与创新绩效之间的相关关系,如表 7-10 所示。从表中可以看出,企业经验、企业规模与并购绩效之间呈现显著的正向关系,初步验证了假设 H2。同时在 VIF 大于 5 的情况下我们认为变量之间存在严重多重共线性,通过 VIF 检验我们得到的变量 VIF 均值为 1.41,因此我们认为各自变量之间不存在共线性以及显著的相关关系。

表 7-10　　　　　　　　　　变量相关性分析

	Patent	Exp	Tra	Pro	Siz	Gro	Liab	Cash	Cha	Pos	Age
Patent	1										
Exp	0.136**	1									
Tra	0.0205*	0.019	1								
Pro	-0.580**	0.777*	0.109*	1							
Siz	0.561*	0.161*	0.028	0.155	1						
Gro	-0.101*	0.295*	0.0034	0.232*	0.127*	1					
Liab	0.258**	0.608*	-0.068	0.343	0.069	0.157	1				
Cash	0.671**	-0.135	0.073	0.182	0.066	-0.052	-0.245	1			
Cha	0.173*	0.200	-0.020	0.302*	0.091	0.207*	0.193*	0.011	1		
Pos	0.318	0.339	0.027	0.377	0.113	0.019	0.213*	0.042	0.074	1	
Age	-0.587	0.041	-0.033	-0.113	-0.054	0.025	0.134	-0.171*	0.131	-0.041	1

注:***、**、*分别表示 1%、5%、10% 的显著性水平下显著。

二　实证结果分析

1. 配对 T 检验

对于并购创新绩效研究采用配对 T 检验方法进行经验验证。配对 T 检验统计学上来讲主要就是为了通过来自总体的两个配对样本,推断两个样本总体均值是否存在显著差异。选取 346 个并购样本中其并购发生前一年的创新绩效与并购当年、并购后一年、并购后两年创新绩效(专利申请数)为判定指标,进行均值比较。采用 SPSS 数据处理软件进行配对样本 T 检验。

表 7-11　　　　　　　　企业并购前后创新绩效比较

	样本数	均值	方差	均值标准误	T 检验
并购前一年	346	45.6792	250.2105	13.4514	/
并购当年	346	53.3035	291.3866	15.6650	-2.350**
并购后一年	346	65.1217	355.4721	19.1380	-2.550**
并购后两年	346	75.2775	388.2263	20.8712	-2.183**

注：***、**、* 分别表示 1%、5%、10% 的显著性水平下显著。

由表 7-11 可知，并购前后专利申请数均值存在明显差异，并购当年、并购后一年、并购后两年专利申请数均显著高于并购前一年的 45.68，且并购后两年专利申请数均值最高，创新绩效提升最明显。三组均值比较均在 5% 的显著性水平下通过了 T 检验。由此我们可以得出并购对企业创新绩效具有正向影响，且这种影响具有一定持续性，这也间接证实了被解释变量的合理性。

接下来，我们考虑企业并购经验、并购价格、资产专用性对并购创新绩效的影响。

2. 负二项回归模型

（1）模型设定

由于被解释变量为计数变量，可考虑使用泊松回归或负二项回归。泊松分布假设数据方差等于期望，是均等分散；当方差大于期望，存在过度分散的情况下，尽管泊松回归是一致的，但负二项更有效率。首先考察被解释变量专利申请数是否存在过度分散，结果表明其方差是平均值的 1311.63 倍，存在过度分散。因此采用混合负二项进行回归，并使用个体聚类稳健标准误。模型设定如下：

$$Patent = \beta_0 + \beta_4 Siz + \beta_5 Gro + \beta_6 Liab + \beta_7 Cash + \beta_8 Cha + \beta_9 Pos + \beta_{10} Age \tag{7-4}$$

$$Patent = \beta_0 + \beta_1 Exp + \beta_2 Tra + \beta_3 Pro + \beta_4 Siz + \beta_5 Gro + \beta_6 Liab + \beta_7 Cash + \beta_8 Cha + \beta_9 Pos + \beta_{10} Age \qquad (7-5)$$

$$Patent = \beta_0 + \beta_1 Exp + \beta_2 Tra + \beta_3 Pro * Exp + \beta_4 Siz + \beta_5 Gro + \beta_6 Liab + \beta_7 Cash + \beta_8 Cha + \beta_9 Pos + \beta_{10} Age \qquad (7-6)$$

$$Patent = \beta_0 + \beta_1 Exp + \beta_2 Tra + \beta_3 Pro * Tra + \beta_4 Siz + \beta_5 Gro + \beta_6 Liab + \beta_7 Cash + \beta_8 Cha + \beta_9 Pos + \beta_{10} Age \qquad (7-7)$$

我们采用逐步回归法，先对控制变量进行回归，形成模型1，然后分别加入解释变量、调节变量形成模型2，模型3、4为调节效应检验。

（2）回归结果分析

表6-12给出了负二项回归结果，表中 Alpha 值也显示了模型存在过度分散，因此适合负二项回归模型。

表7-12　　　　　　　　　负二项回归结果

变量	模型1	模型2	模型3	模型4
(Constant)	4.2875** (0.545)	2.612*** (0.878)	2.6974*** (0.898)	2.614*** (0.879)
Exp	—	-0.0166 (0.0378)	-0.0271 (0.0371)	-0.0158 (0.0380)
Tra	—	0.0928** (0.0420)	0.0936** (0.0433)	0.0925** (0.0421)
Pro	—	-0.1891** (0.0709)	—	—
Exp × Pro	—	—	-0.0252* (0.0176)	—
Tra × Pro	—	—	—	-0.0095*** (0.0036)
Siz	0.971*** (0.105)	0.906*** (0.106)	0.947*** (0.107)	0.905*** (0.106)
Gro	-0.104** (0.0509)	-0.0740 (0.0539)	-0.0952* (0.0517)	-0.0780 (0.0538)
Liab	-0.00853 (0.0055)	-0.00666 (0.00603)	-0.00969 (0.00622)	-0.0067 (0.00602)

续表

变量	模型1	模型2	模型3	模型4
Cash	1.055* (0.674)	0.828 (0.634)	0.861 (0.639)	0.820 (0.634)
Cha	0.0355 (0.0440)	0.0429 (0.0438)	0.0397 (0.0435)	0.0434 (0.0439)
Pos	0.0138*** (0.0051)	0.00904* (0.0053)	0.0102** (0.0051)	0.00921* (0.0053)
Age	-0.0359 (0.0235)	-0.0418* (0.0214)	-0.0415* (0.0216)	-0.0422** (0.0213)
Wald chi2	147.63	225.64	192.96	222.99
Prob > chi2	0.0000	0.0000	0.0000	0.0000
Alpha	(1.1438　1.653)	(1.102　1.5919)	(1.1254　1.608)	(1.1104　1.5931)
N	346	346	346	346

注：***、**、*分别表示1%、5%、10%的显著性水平下显著，括号内为聚类稳健性方差。

由模型1可见，企业规模、偿债能力、潜在吸收能力对企业创新绩效具有显著的正向影响。在大型、复杂的并购事件中，大型企业由于拥有雄厚的资金实力和丰富的资源渠道，可以组建强大的并购团队，进行专业化的管理，保证并购成功几率和后续资源整合，达到更优的并购效果。偿债能力方面，企业自由现金流越多，表示对研发创新活动可分配资金更多，有利于企业研发创新。潜在吸收能力对并购后创新绩效具有促进作用，说明企业潜在吸收能力越强，并购后创新绩效越好。企业成长能力对并购后创新绩效产生了负向的影响，这可能是因为当战略性新兴产业企业成长能力较好时，企业并购后急于扩大规模，投资更多的在于购买机器设备、新建厂房等项目上，导致成长能力对并购创新绩效贡献不足，使得并购后创新绩效反而出现下降。

模型2、模型3和模型4显示，企业并购经验与创新绩效没有显著的相关关系。并购经验由企业以往并购次数来衡量，从估计系数来看，并购次数增加反而会降低并购创新绩效。这似乎与组织学习理论相悖，但这种负向关系也得到了豪斯柴尔德（Haunschild，1994）、拉马宁（Laamanen，2008）、吴超鹏等（2008）的验证。这可能存在三方面的原因。其一，回归选取的企业属于战略性新兴产业，产业发展时间相对较短，企业并购可能处于起步阶段，企业自身积累的并购经验较少，导致并购经验对并购创新绩效贡献不足；其二，虽然既往的并购经验可以为公司并购时提供参考，但由于并购经验受到时间间隔和匹配程度限制，很多发生并购事件的公司并不能完全有效地吸取其既往的并购经验；其三，可能存在一些企业急于扩大企业规模，盲目进行并购，在一段时间内发生过多次并购，并购次数越多，对企业创新绩效负面影响越大。企业短时间内并购次数越多，越无法拥有足够的精力和时间进行并购整合，不能得到并购效果的反馈信息，无法区分有效并购与无效并购并及时作出并购战略调整。有效并购经验积累不足就会产生无效并购甚至错误并购，对企业创新绩效产生负向影响。

并购价格对企业创新绩效的影响显著为正，并在5%的显著性水平下通过显著性检验，并购价格对并购后的创新绩效产生正向促进作用。并购项目的选择和价值判断很有必要，在并购过程中，并购价格也是反映被并购企业价值的重要信息来源，并购价格越高，其并购后产生的技术创新绩效可能会越高。与孙晓华、郑辉（2011）、恩特扎尔海尔和毛切里（Entezarkheir & Moshiri，2016）等结论相似，技术生产以及应用都具有很强的资产专用性特点，并购价格中可能会包括对方技术的专用性资产，获得更多的技术专用性资产有利于并购方获取完整技术链条以及进行未来的技术创新，增强企业的创新绩效。

模型3和模型4中，资产专用性对并购经验以及并购价格均产生显著负向调节作用，并分别在10%和1%的显著性水平下显著。资产专用性用研发强度与无形资产/总资产的比值来衡量，研发强度表示了主并方之前对研发设备与产品差异的投入，无形资产代表了企业的知识基础。企业研发投入越多，知识基础专用性越强，其技术和产品与其他企业相比差异性可能更大，这就会阻碍并购后企业的技术融合与新产品的研发。并购方资产专用性越强，技术转化成本可能越高，甚至导致不愿意采纳会引起资产变更的新技术、新产品，从而较强的资产专用性抑制了并购经验与并购价值对创新绩效的正向影响。

三 稳健性检验

为了检验上述回归结果是否可靠，本章对被解释变量创新绩效进行变量替换，以并购后一年专利申请数衡量并购创新绩效，回归结果如表7-13所示。稳健性检验的结果显示，企业并购价格对于企业创新绩效仍然具有显著的正向影响，资产专用性对于并购经验、并购价格与创新绩效的调节作用仍然为负，其他控制变量的符号和显著性也没有发生实质性变化，表明模型的回归结果是稳健的。

表7-13　　　　　　　　　稳健性检验

变量	模型2	模型3	模型4
(Constant)	0.146 (1.064)	0.896 (1.109)	0.817 (1.086)
Exp	-0.0289 (0.040)	-0.0153 (0.037)	-0.0285 (0.0385)
Tra	0.127** (0.0496)	0.0936** (0.0433)	0.127** (0.0497)
Pro	-0.194** (0.084)	—	—
Exp × Pro	—	-0.0220* (0.0207)	—
Tra × Pro	—	—	-0.0093** (0.0043)
Siz	0.868*** (0.133)	1.006*** (0.138)	0.965*** (0.138)
Gro	-0.116* (0.0686)	-0.121* (0.0628)	-0.109 (0.0687)
Liab	-0.0062 (0.00741)	-0.0112 (0.00770)	-0.008 (0.00737)

续表

变量	模型2	模型3	模型4
Cash	0.630 (0.860)	0.772 (0.809)	0.724 (0.818)
Cha	0.0692 (0.0496)	0.0435 (0.0491)	0.0467 (0.0494)
Pos	0.0115* (0.00636)	0.0148** (0.00624)	0.0119* (0.00639)
Age	-0.0502** (0.0244)	-0.0496** (0.0249)	-0.0506** (0.0243)
Wald chi2	146.13	128.38	143.23
Prob > chi2	0.0000	0.0000	0.0000
Alpha	(1.6011 2.282)	(1.6216 2.2999)	(1.6029 2.2845)
N	346	346	346

注：***、**、*分别表示1%、5%、10%的显著性水平下显著，括号内为聚类稳健性方差。

第八章 战略性新兴产业创新政策的案例分析

战略性新兴产业创新政策的研究不仅需要总体研究和实证分析,更需要针对具体细分产业进行更为深入的案例研究。本章以高端装备制造业和新材料产业为例,基于企业类型视角和外部创新视角进行创新政策的案例研究。

第一节 产业创新情况概述

一 高端装备制造业创新情况

高端装备制造业主要生产具有整机以及具有大型部件的大型成套设备,这些设备主要用于生产环节,而不是直接的消费品,是高新技术的载体和将高新技术转化为生产力的桥梁,主要包括电力设备、机床、农业机械、船舶制造、航空航天器制造、铁路设备、重型卡车等,可见高端装备制造业的发展状况决定着整个装备制造业的整体竞争力。高端装备主要包括传统产业转型升级和战略性新兴产业发展所需的高技术高附加值的装备。按照《国务院关于加快培育和发展战略性新兴产业的决定》、《"十二五"国家战略性新兴产业发展规划》和《"十三五"国家战略性新兴产业发展规划》指出的重点领域和方向,高端装备制造业发展的重点方向主要包括航空装备、卫星及应用、轨道交通装备、海洋工程装备、智能制造装备。

中国高端装备制造业现阶段已经形成了一定的产业规模。2010年，高端装备制造业实现销售收入约1.6万亿元，约占整个装备制造业销售收入的8%左右。高端装备制造业的整体技术水平持续不断的提升，围绕着国民经济各个行业的迫切要求，开发出了一大批具有知识产权的高端装备，如百万千瓦级超临界火电发电机组、百万千瓦级先进压水堆核电站成套设备、1000KV特高压交流输变电设备、±800KV直流输变电成套设备、百万吨乙烯装置所需的关键装备、超重型数控卧式镗车床、精密高速加工中心、2000吨履带起重机、ARJ21新型支线飞机、"和谐号"动车组、3000米深水半潜式钻井平台等，气象卫星率先实现业务化运行，已初步形成了高端装备制造产业格局。但是与世界先进水平相比，中国高端装备制造业的技术创新水平仍存在着较大的差距。主要表现包括：创新能力薄弱，核心技术和核心关键部件受制于人；基础配套能力发展滞后，装备主机面临"空壳化"；产品可靠性低，产业链高端缺位等。

中国装备制造业作为传统产业经过多年发展，已经形成了门类齐全、规模较大、具有一定技术水平的产业体系，是国民经济的重要支柱产业。在《国务院关于加快振兴装备制造业的若干意见》实施后装备制造业发展明显加快，重大技术装备自主化水平显著提高，国际竞争力进一步提升，部分产品技术水平和市场占有率跃居世界前列。中国已经成为装备制造业大国，但面临着诸多问题，如产业大而不强、自主创新能力薄弱、基础制造水平落后、低水平重复建设、自主创新产品推广应用困难等。同时，2008年受国际金融危机影响，国内外市场装备需求急剧萎缩，装备制造业持续多年的高速增长势头明显趋缓，企业生产经营困难、经济效益下滑，可持续发展面临巨大挑战。高端装备制造业是装备制造业横跨传统产业与新兴产业的高端领域，位于装备制造业产业链的核心部位，既包括传统装备制造业的高端部分，同时也涵盖着新兴产业的高端部分，其知识、技术密集度较高，是多个领域内高、精、尖技术的融合与集成，具有高附加值、产业关联度高、吸纳就业能力强等特点。由此可见，高端装备制造业与传统装备制造业具有非常密切的联系，并且中国的传统装备制造业虽然并没有发展成熟，但可以说具有一定的发展基础和优势，因此培育和发展高端装备制造业需要以传统装备制造业为基础，充分利用传统产业的人才和市场等优势，将高新技术与传统产业全面结合，尽快推动其技术转型升级。由此可见，培育发展高端装备制造业的路径需要在改造传统装备产业的基础上发展新兴产业，即通过高新技术等手段将传统装备产业结构不断优化升级，以衍生出符合先进理念的高端装备制造产业。

为了考察高端装备制造业的创新情况，下面以高端装备制造业中的航空航天器制造业的研发创新情况来进行说明。将从创新投入、创新产出、技术改造情况来分别说明。相关数据来自于各年份的《中国高技术产业统计年鉴》。

创新投入方面，将考察航空航天器制造业的 R&D 经费内部支出、政府资金投入、新产品开发投入情况。由图 8-1 可见，航空航天器制造业的 R&D 经费内部支出总体上呈现上升的趋势，2004 年到 2008 年较为缓慢，但从 2009 年到 2014 年间增长非常迅速。2009 年之前航空航天器制造业属于装备制造业的高端部分，在 2009 年国家提出发展战略性新兴产业的战略要求，将航空航天器制造业列为高端装备制造业，创新投入大幅上升。图 8-2 可见，政府资金占 R&D 经费内部支出的比例则呈现了先上升后下降的趋势，可见非政府资金比例在 2009 年开始上升并且所占比例超过政府资金。2008 年政府资金投入达到最大比例 97.83%，这与 2008 年发生的国际金融危机有一定关系。图 8-3 显示了航空航天器制造业新产品开发投入情况。航空航天器新产品开发经费总体上呈现上升趋势。总的来说，航空航天器制造业创新投入的变化情况与 2008 年国际金融危机以及我国促进战略性新兴产业的各项扶持政策的实行具有密切联系。

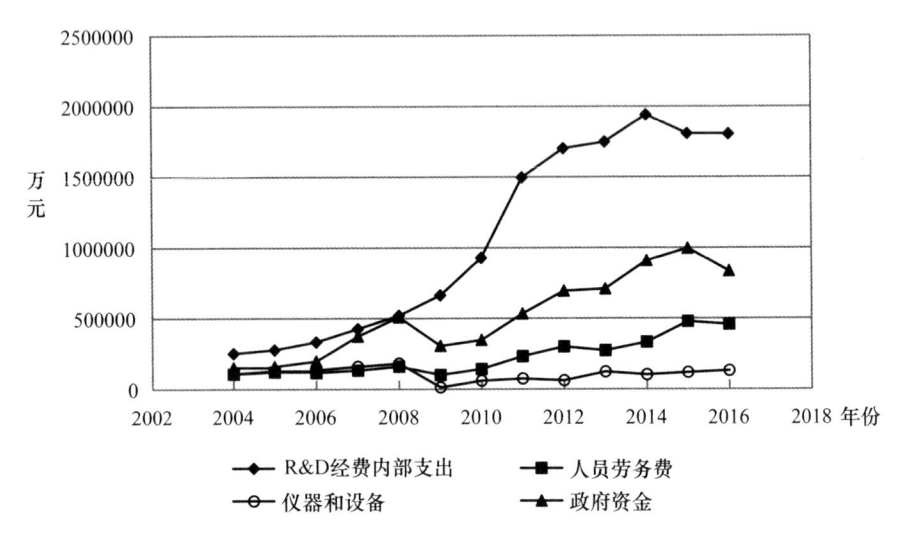

图 8-1　航空航天器制造业 R&D 活动经费情况

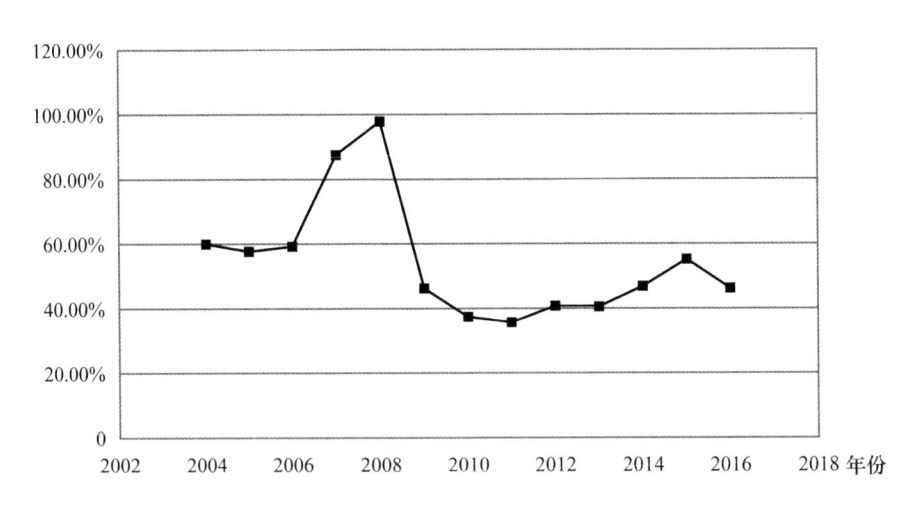

图 8-2　航空航天器制造业政府资金占 R&D 经费内部支出比例

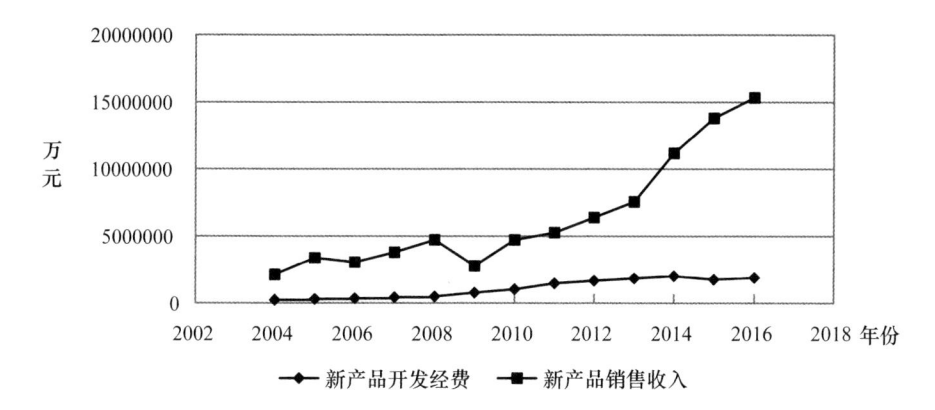

图 8-3　航空航天器制造业新产品开发和生产情况

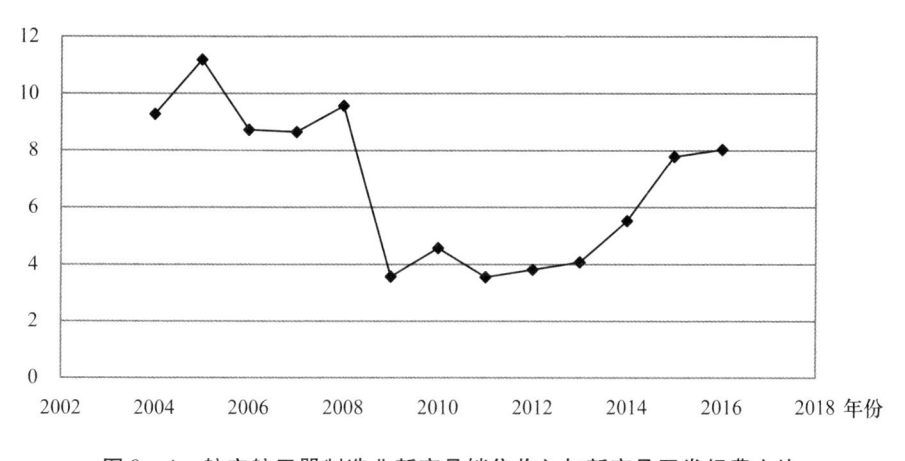

图 8-4　航空航天器制造业新产品销售收入与新产品开发经费之比

创新产出方面，将考察航空航天器制造业的专利申请和获得、新产品销售收入情况。图 8-5 显示了航空航天器制造业的专利情况，专利申请数和拥有发明专利的数量均呈现上升趋势，并且专利申请数自 2009 年开始表现为迅速上升的趋势。而拥有发明专利数则在 2011 年出现较大幅度上升。图 8-3 显示了新产品销售收入的情况，新产品销售收入在 2009 年有较大降幅，但自 2010 年开始呈现快速的上升趋势。图

8-4中的新产品销售收入与新产品开发经费之比衡量的是单位新产品开发经费的支出可以带来多少单位的销售收入,这个数值存在下降后又上升的趋势,这与2009年国际金融危机带来的新产品销售收入大幅下降有关。

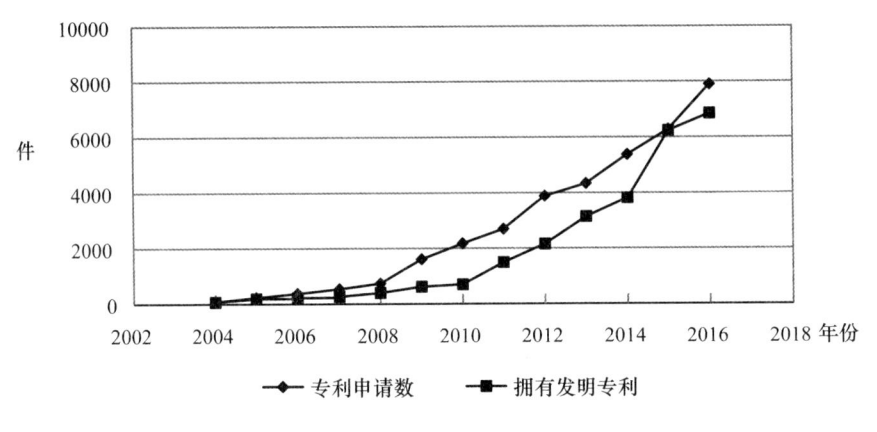

图8-5 航空航天器制造业专利情况

技术改造方面。表8-1显示了航空航天器制造业技术获取和技术改造情况,从技术引进、消化吸收、购买国内技术、技术改造这四项支出内容来看,用于技术改造的经费支出数额是最大的,且比其他三项要高出较多。由图8-6可见,技术改造经费支出总体上呈现波动上升的趋势,但在2008年和2016年下降幅度较大。技术引进、消化吸收和购买国内技术经费支出这三项除个别年份外均变化较小,基本保持较为稳定的水平。

表8-1 航空航天器制造业技术获取和技术改造情况　　单位:万元

年份	技术改造经费支出	技术引进经费支出	消化吸收经费支出	购买国内技术经费支出
2004	289297	33486	1585	12280
2005	368919	30369	1438	10751
2006	323920	36837	3432	22213

续表

年份	技术改造经费支出	技术引进经费支出	消化吸收经费支出	购买国内技术经费支出
2007	522952	21877	3578	12919
2008	332520	7027	420	5717
2009	414398	27754	27592	14350
2010	387274	64941	27220	16530
2011	397211	21109	5820	14764
2012	528710	9693	8146	8930
2013	505497	16308	1563	8448
2014	712547	29014	3440	103159
2015	701523	13841	2731	17445
2016	464799	29697	3776	6364

数据来源：《中国高技术产业统计年鉴》。

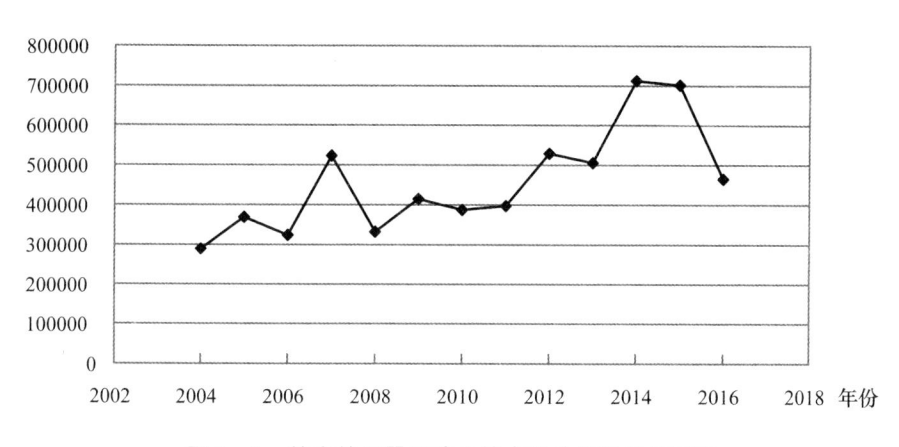

图 8-6 航空航天器制造业技术改造经费支出情况

二 新材料产业创新情况

材料工业是国民经济的基础产业，新材料又是材料工业发展的先导，是重要的战略性新兴产业。新材料产业涉及的领域非常广泛，新材料一般是指新出现的具有优异性能和特殊功能的材料，或是传统材料改进后性能明显提高和产生新功能的材料，主要包括新型功能材料、高性能结构材料和先进复合材料，其范围随着经济发展、科技进步和产业升级也在不断发生变化。新材料具有技术密集度高、研究与开发投入高、产品的附加值高、生产与市场的国际性强,以及应用范围广、发展前景好等诸多特点。中国新材料产业的规模不断壮大。进入21世纪以来,中国新材料产业发展迅速,2010年新材料产业规模超过6500亿元,与2005年相比年均增长约20%,2015年新材料产业总产值达到近2万亿元。其中,稀土功能材料、先进储能材料、光伏材料、有机硅、超硬材料、特种不锈钢、玻璃纤维及其复合材料等产能居世界前列。中国新材料产业从技术方面来看,比较领先的是稀土功能材料领域。中国自主开发的高磁感取向硅钢、钽铌铍合金、非晶合金、间位芳纶、超硬材料和超导材料等生产技术已达到或接近国际水平。此外,中国的半导体照明材料在国际上也具有一定的地位,在技术开发和产业规模方面发展都非常快。碳纤维、芳纶等复合材料近些年发展也较快,但总体来说国内新材料技术与国际先进技术还存在着较大的差距。

为了考察新材料产业的创新情况,下面以沪深股市概念板块的新材料上市公司为例进行分析。综合考虑数据可获得性和样本容量,选取了137家新材料上市公司2011—2019年的数据,数据来源于Wind金融数据库。

创新投入方面,将考察企业的研发支出和政府补助情况。由表8-2可见,研发支出和政府补助在新材料上市公司之间的差异性很大,这可能与企业的规模差异有一定关系。研发强度是研发支出与营业收入的比值,政府补助强度是政府补助与营业收入的比值。企业间的研发强度和政府补助强度差异性则较小。表8-3显示了新材料上市公司创新指标的年度均值的变化情况。从研发支出和政府补助来看,无论是全样本、国有企业还是非国有企业都是呈现逐年上升的趋势,并且研发支出和政府补助的年度均值都是国有企业最高。从图8-7来看,企业的研发强度总体呈现波动趋势,国有企业波动性最大,非国有企业波动性较小。从图8-8来看,企业的政府补助强度年度均值同样呈现波动趋势,国有企业的波动性仍然最大,非国有企业较为稳定,这可能与国有企业受到政策影响更大有关。

创新产出方面，将考察企业的专利申请数。由表8-2可见，专利申请数在新材料上市公司之间的差异性较大。从表8-3来看，企业的专利申请数年度均值的变化在2019年之前呈现稳定上升的趋势，但在2019年出现了较大的下降趋势。

表8-2 新材料上市公司创新情况的描述性统计

变量	样本数	均值	标准差	最小值	最大值
研发支出（万元）	1,224	10736.80	18563.68	9.22	163853.90
研发强度	1,223	0.04	0.06	0.00	1.69
政府补助（万元）	1,177	3323.92	9539.55	0.25	217585.90
政府补助强度	1,177	0.01	0.04	0.00	0.85
专利申请数（件）	1,224	11	24	0	309

表8-3 新材料上市公司创新指标的年度均值

项目	类型	2011	2012	2013	2014	2015	2016	2017	2018	2019
研发支出（万元）	全样本	3874	5874	7083	8446	9435	11568	13971	17410	18970
	国有	5198	9824	11801	13384	13842	15592	17681	21752	26014
	非国有	3282	4109	4975	6239	7466	9770	12313	15470	15823
研发强度	全样本	0.03	0.04	0.04	0.05	0.05	0.04	0.04	0.04	0.04
	国有	0.02	0.03	0.03	0.07	0.06	0.03	0.03	0.04	0.04
	非国有	0.03	0.04	0.04	0.04	0.04	0.04	0.04	0.04	0.05
政府补助（万元）	全样本	1842	2139	2126	2022	2527	3461	4083	5122	6134
	国有	3031	4029	3639	3509	3798	6125	6907	9349	11483
	非国有	1191	1183	1413	1350	1952	2270	2822	3233	3744
政府补助强度	全样本	0.01	0.01	0.01	0.01	0.02	0.02	0.02	0.02	0.01
	国有	0.01	0.01	0.01	0.02	0.02	0.03	0.03	0.03	0.02
	非国有	0.01	0.01	0.01	0.01	0.01	0.01	0.01	0.01	0.01
专利申请数（件）	全样本	6	9	8	11	13	13	14	15	6
	国有	7	11	11	15	16	16	17	16	7
	非国有	5	8	7	9	11	12	13	15	6

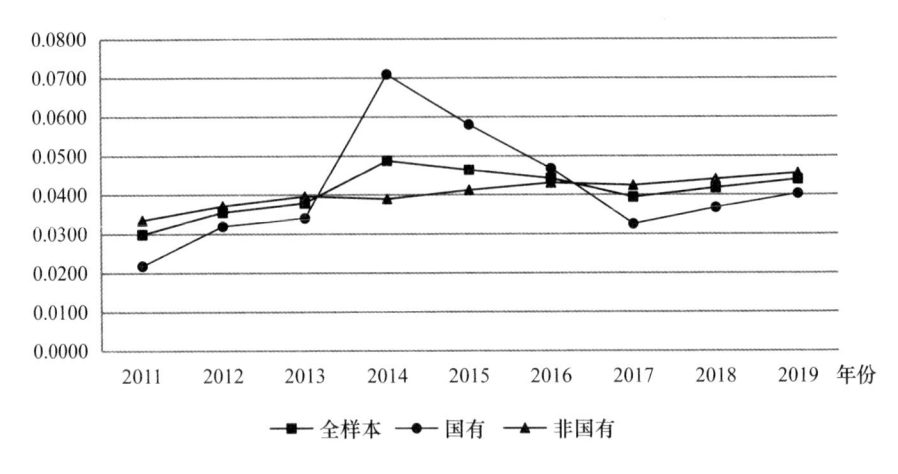

图8-7　新材料上市公司研发强度的年度变化

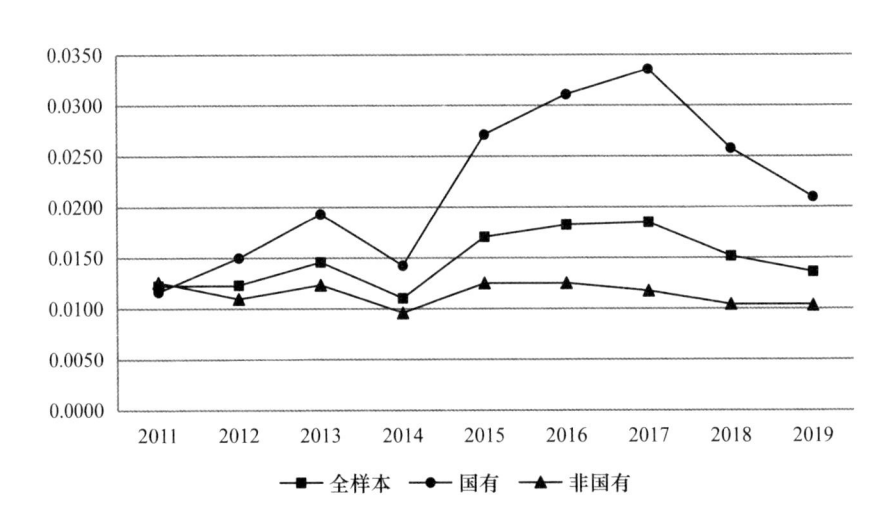

图8-8　新材料上市公司政府补助强度的年度变化

新材料产业中的一些细分产业在国内没有一定的传统产业基础，并且产业规模小，生产技术急需突破创新，从而实现技术跨越。由此可见，培育发展碳纤维产业的路径需要扶持完全独立的新兴产业，即通过新的技术发明生成全新的科研成果，形成一个与以往产业完全不同的新产业并实现技术跨越式发展。

第二节　产业创新政策概述

一　高端装备制造业创新政策

高端装备制造业的政策支持从国家层面到地方层面均有体现。国家层面的政策包含产业总体规划、细分产业发展规划、专项规划、准入政策、财税政策和科技政策等多个方面的政策，如表8-4所示，细分产业发展规划和专项规划体现了高端装备制造业的重点发展领域。在地方层面，诸多省份制定了高端装备制造业的产业发展支持政策，但是大多数省份的高端装备制造业政策仍以产业的总体规划和部署为主，其中出台政策力度较大的省份包括上海市、山东省和浙江省等，这些省份在结合本省装备制造业的产业基础和资源、技术特点的基础上确定了发展高端装备制造业的重点发展方向和领域。

技术推动政策方面。高端装备制造业的技术推动政策在相关的财税政策、金融政策、科技政策和标准化政策中都有所体现，这些政策旨在通过对企业进行创新激励从而推动企业创新水平的提高。

表8-4　　　　　　　高端装备制造业发展主要政策文件

政策类型	政策名称	发布时间
产业总体规划	《高端装备制造业"十二五"发展规划》	2012.5
细分产业规划	《海洋工程装备产业创新发展战略（2011—2020）》	2011.8
	《智能制造装备产业"十二五"发展路线图》	2012.1
	《海洋工程装备制造业中长期发展规划》	2012.3
	《轨道交通装备产业"十二五"发展规划》	2012.5
	《智能制造装备产业"十二五"发展规划》	2012.7
	《国家卫星导航产业中长期发展规划》	2013.1
	《机器人产业发展规划（2016—2020年）》	2016.4
	《智能制造发展规划（2016—2020年）》	2016.12

续表

政策类型	政策名称	发布时间
专项规划	《高速列车科技发展"十二五"专项规划》	2012.4
	《智能制造科技发展"十二五"专项规划》	2012.4
	《服务机器人科技发展"十二五"专项规划》	2012.4
	《绿色制造科技发展"十二五"专项规划》	2012.4
	《遥感和空间科学卫星无线电频率资源使用规划（2019—2025年）》	2019.3
财税政策	《关于通用航空发展专项资金管理暂行办法的通知》	2012.12
	《关于调整重大技术装备进口税收政策有关目录的通知》	2018.11
	《关于民用航空发动机、新支线飞机和大型客机税收政策的公告》	2019.1
	《重大技术装备进口税收政策管理办法实施细则》	2020.7
科技政策	《重大技术装备自主创新指导目录》	2012.2
	《智能制造装备发展专项》	2012.2
	《卫星及应用产业发展专项》	2012.4
	《"数控一代"装备创新工程行动计划》	2012.6
	《高技术船舶科研计划2012年度项目指南》	2012.8
	《海洋工程装备科研项目指南（2012年）》	2012.8
	《"高档数控机床与基础制造装备"科技重大专项知识产权管理实施细则》	2012.8
	《高技术船舶科研项目指南（2013年版）》	2013.5
	《海洋工程装备科研项目2013年版》	2013.5
	《煤矿机器人重点研发目录》	2019.1
标准化政策	《装备制造业标准化和质量提升规划》	2016.8
	《船舶总装建造智能化标准体系建设指南（2020版）》	2020.8

资料来源：根据公开资料搜集整理。

由于高端装备制造业的技术改造和创新需要大量资金，因此国家从财税政策和金融政策方面给予了诸多扶持。《高端装备制造业"十二五"发展规划》在财税政策和金融政策方面都提出了政策措施。在财政支持方面，通过编制高端装备制造业重点技术与产品目录指导企业、大学和研究机构进行重点研究并予以项目资金支持；加快实施重大产业创新工程，促进高端装备及其关键零部件、配套系统的研发和产业化。税收政策方面，鼓励装备制造业企业开展引进消化吸收再创新，对研制生产国家鼓励发展的高端重大技术装备，对有关关键零部件、原材料给予进口税收优惠。在金融支持政策方面，提出了建立支持高端装备制造业发展的多渠道、多元化的投融资机制。其中通过鼓励金融机构不断根据高端装备制造业特点和情况进行金融产品的创新，从而支持高端装备制造企业的技术创新；发挥现有的装备制造业基金作用，支持装备制造企业进行技术改造和转型升级；鼓励支持符合条件的高端装备制造企业上市融资，引导创业投资和股权投资向高端装备制造领域倾斜；鼓励金融租赁公司开展高端装备的融资租赁业务。

从科技政策来看，《高端装备制造业"十二五"发展规划》、细分产业规划、专项规划，均提出了该领域的发展重点方向、主要任务、关键技术等内容。产业细分领域的科研计划、项目指南、行动计划等政策文件，细化了该领域的重点方向、关键技术、技术标准等内容。

需求拉动政策方面。高端装备制造业的技术创新的需求拉动政策在《高端装备制造业"十二五"发展规划》体现在以下几个方面。建立高端装备首台套保险机制和示范应用制度，加大对首台套及配套系统推广应用的支持。探索建立高端装备发展与重大项目审批的联动机制，对于重点领域工程项目的所需装备，组织装备的使用单位、制造企业联合制定装备联合攻关方案，共同开发高端装备。完善招投标制度，加强对招投标工作的指导和监管。推动配套设备及高端装备维修、支援、租赁、服务等产业配套体系建设。加快建立健全有利于高端装备制造业发展的行业标准和重点产业技术标准体系，组织实施智能制造示范工程，以应用拉动产业发展。

《通用航空发展专项资金管理暂行办法》通过财政补贴鼓励通航企业淘汰老旧航空器，更新和改造设备，从而增加了航空器的市场需求。

《办法》规定使用机龄较短航空器的通航企业，国家给予的补贴标准上浮。《"数控一代"装备创新工程行动计划》重点组织以数控装置的制造企业为依托，与应用领域行业组织、装备制造企业紧密结合，建立面向特定领域的数控技术开发与推广服务平台。该平台的建成将有助于促进数控装置制造企业、装备制造企业和最终用户信息沟通，从而实现产需的有效对接。

发展专项方面。2011年的《智能制造装备发展专项》支持了汽车自动化焊接、煤炭综采设备、机场行李分拣等重大智能成套装备的研发及示范应用。国家发改委、财政部、工业和信息化部于2012年继续组织实施《智能制造装备发展专项》。2012年专项支持的主要内容是推进智能制造系统集成及示范应用，支持核心智能测控装置的研发和创新。2012年4月国家发改委、财政部联合组织了《卫星及应用产业发展专项》。该专项以扩大卫星技术、产品和服务在经济社会发展和公共服务领域的市场应用为目标，重点支持基于自主卫星的通信、导航、遥感三大领域的应用示范和推广，促进卫星应用产业规模化发展及卫星资源和重要基础能力建设。国家将根据项目具体情况进行研发补助，补助资金原则上40%补贴研制单位，60%补贴应用单位。专项的实施，有助于充分发挥我国卫星资源的效益，培育发展卫星产品与服务的市场应用，加速民用航天产业发展。

知识产权保护方面。《"高档数控机床与基础制造装备"科技重大专项知识产权管理实施细则》针对数控机床专项所有课题成果的知识产权的全过程管理、归属和保护、转移和运用等问题进行了规定。该管理实施细则有利于该领域知识产权的保护以及知识产权在产业内的转移和扩散。

二 新材料产业创新政策

新材料产业的政策支持从国家层面到地方层面均有体现。国家层面的政策包含产业总体规划、专项规划、准入政策、行业标准、财税政策、科技政策和人才政策等多个方面的政策，如表8-5所示。在地方层面，十多个省制定了新材料产业的产业发展支持政策，如新材料产业总体规划、新材料产业基地发展规划、新材料高新技术产业化行动计划、新材料产业技术发展指南等，这些省份结合本省新材料产业的产业基础和资源、技术等特点确定了发展新材料产业的重点发展方向和领域。

技术推动政策方面。新材料产业的技术推动政策同样在相关的财税政策、金融政策、科技政策和标准化政策中都有所体现。

在促进技术创新的财税政策方面。《新材料产业"十二五"发展规划》提出建立稳定的财政投入机制促进研发创新，通过中央财政设立战略性新兴产业发展专项资金等多种渠道，加大对新材料产业的财政扶

表8-5　　　　　　　　**新材料产业发展主要政策文件**

政策类型	政策名称	发布时间
产业总体规划	《新材料产业"十二五"发展规划》	2012.2
	《新材料产业发展指南》	2016.12
细分产业规划	《有色金属工业发展规划（2016—2020）》	2016.10
	《稀土行业发展规划（2016—2020）》	2016.10
专项规划	《量子调控研究国家重大科学研究计划"十二五"专项规划》	2012.5
	《纳米研究国家重大科学研究计划"十二五"专项规划》	2012.7
	《高性能膜材料科技发展"十二五"专项规划》	2012.9
	《高品质特殊钢科技发展"十二五"专项规划》	2012.9
	《"十三五"材料领域科技创新专项规划》	2017.4
财税政策	《稀土产业调整升级专项资金管理办法》	2012.11
	《关于实施稀土、钨、钼资源税从价计征改革的通知》	2015.4
	《关于开展重点新材料首批次应用保险补偿机制试点工作的通知》	2017.9

续表

政策类型	政策名称	发布时间
科技政策	《国家高技术研究发展计划（863计划）新材料技术领域"先进激光材料及全固态激光技术"主题项目申请指南》	2010.10
	《稀土行业清洁生产技术推行方案》	2014.2
	《关键材料升级换代工程实施方案》	2014.2
	《重点新材料首批次应用示范指导目录》	2017—2019
	《国家新材料生产应用示范平台建设方案》	2018.1
	《中国光电子器件产业技术发展路线图（2018—2022年）》	2018.1
准入政策	《多晶硅行业准入条件》	2011.1
	《岩棉行业准入条件》	2012.3
	《关于进一步规范稀土矿钨矿矿业权审批管理的通知》	2018.12
标准化政策	《建筑外墙外保温用岩棉制品》	2011.1
	《聚丙烯腈基碳纤维》	2011.7
	《光伏制造行业规范条件》	2018.1
人才政策	《国家中长期新材料人才发展规划（2010—2020年）》	2011.12

资料来源：根据公开资料搜集整理。

持力度，开展重大示范工程建设，重点支持填补国内空白、市场潜力巨大、有重大示范意义的新材料产品开发和推广应用。充分落实、利用好现行促进高新技术产业发展的税收政策，开展新材料企业及产品认证，完善新材料产业重点研发项目及示范工程相关进口税收优惠政策。2012年11月，财政部、工业和信息化部联合发布了《稀土产业调整升级专项资金管理办法》，专项资金将由中央财政预算安排，采用以奖代补、无偿资助和资本金注入方式支持稀土产业调整升级。专项资金的支付范围涉及新材料产业的包括支持拥有自主知识产权，相关技术指标达到国际先进水平的高性能稀土材料与器件技术研发和产业化；扶持具备条件的稀土企业建立高端稀土材料及器件研究开发中试基地。《办法》规定，对稀土高端应用技术研发项目将采取无偿资助的方式。2016年12

月发布的《新材料产业发展指南》提出加强政、银、企信息对接,充分发挥财政资金的激励和引导作用,积极吸引社会资本投入,进一步加大对新材料产业发展的支持力度。通过中央财政科技计划(专项、基金等),统筹支持符合条件的新材料相关科技创新工作。利用现有资金渠道,加大对新材料制造业创新中心、生产应用示范平台、性能测试评价中心、应用示范项目的支持力度。落实支持新材料产业发展的高新技术企业税收优惠政策。

在促进技术创新的金融政策方面。《新材料产业"十二五"发展规划》提出加强政府、企业、科研院所和金融机构合作,逐步形成"政产学研金"支撑推动体系。制定和完善有利于新材料产业发展的风险投资扶持政策,鼓励和支持民间资本投资新材料产业,研究建立新材料产业投资基金,发展创业投资和股权投资基金,支持创新型和成长型新材料企业,加大对符合政策导向和市场前景的项目支持力度。鼓励金融机构创新符合新材料产业发展特点的信贷产品和服务,合理加大信贷支持力度,在国家开发银行等金融机构设立新材料产业开发专项贷款,积极支持符合新材料产业发展规划和政策的企业、项目和产业园区。支持符合条件的新材料企业上市融资、发行企业债券和公司债券。2011年8月发布的《新兴产业创投计划参股创业投资基金管理暂行办法》明确指出,中央财政资金可通过直接投资创业企业、参股创业投资基金等方式,培育和促进新兴产业发展,新材料产业是此次出台的《办法》中特别强调的重点投资领域。《新材料产业发展指南》提出利用多层次的资本市场,加大对新材料产业发展的融资支持,支持优势新材料企业开展创新成果产业化及推广。鼓励金融机构按照风险可控和商业可持续原则,创新知识产权质押贷款等金融产品和服务。鼓励引导并支持天使投资人、创业投资基金、私募股权投资基金等促进新材料产业发展。支持符合条件的新材料企业在境内外上市、在全国中小企业股份转让系统挂牌、发行债券和并购重组。

科技政策方面。《新材料产业"十二五"发展规划》提出了产业发展的 6 大重点领域和 20 个重点发展方向，并通过附件《新材料产业"十二五"重点产品目录》划定产业的重点产品。明确了"十二五"期间将组织实施一批新材料产业的重大工程和重点项目，突出解决一批应用领域较为广泛的共性关键材料。产业细分领域的科研计划、项目指南、发展路线图等政策文件，也细化了该领域的重点方向、关键技术、技术标准等内容。

新材料产业的技术创新离不开创新人才的培养。为促进新材料产业人才的发展与壮大，科技部、人力资源和社会保障部等七部门于 2011 年 12 月发布了《国家中长期新材料人才发展规划（2010—2020 年）》。《规划》针对新材料领域发展现状与人才需求进行分析，依据人才规划的指导思想和基本原则，提出了发展目标、发展重点与主要任务，并对具体政策措施进行了组织实施的安排。

需求拉动政策方面。新材料产业技术创新的需求拉动政策在《新材料产业"十二五"发展规划》中有以下几个方面的体现。《规划》提出了积极研究和制定新材料"首批次"应用示范支持政策。结合国际先进技术水平和国内自主技术情况，健全新材料产业的标准体系、技术规范、检测方法和认证机制。加快制定新材料产品标准，鼓励产学研用联合开发重要技术标准，积极参与新材料国际标准制定，加快国外先进标准向国内标准的转化。加强新材料品牌建设和知识产权保护，鼓励建立重要新材料专利联盟。加快建立新材料检测认证平台，加强产品质量监督，建立新材料产品质量安全保障机制。

《新材料产业发展指南》仍然强调加快重点新材料初期市场培育，提出要研究建立新材料首批次应用保险补偿机制，定期发布重点新材料首批次应用示范指导目录，建设一批新材料生产应用示范平台，组织开展新材料应用示范，加快释放新材料市场需求；研究建立重大工程、重大项目配套材料应用推广机制；加大政策引导力度，建立公共服务平台，开展材料生产企业与设计、应用单位供需对接，支持材料生产企业面向应用需求研发新材料，推动下游行业积极使用新材料。

第三节　基于企业类型视角的创新政策案例分析

通过理论和实证研究，本书认为对于需要在传统产业基础上通过技术融合形成的战略性新兴产业来说，政府创新政策的重点应是传统转型企业，弥补传统转型企业的创新激励不足，引导和促进企业创新，在具体的细分产业案例分析中以高端装备制造业为例；而对于需要通过技术跨越形成与发展的战略性新兴产业来说，政府创新政策的重点应是新生企业，引导新生企业大量进入战略性新兴产业并发挥其创新动力，在具体的细分产业案例分析中以新材料产业为例。通过对这两个产业的案例分析，得到企业类型视角下的创新政策评价和政策优化建议。

一　基于技术融合的创新政策评价与优化

1. 高端装备制造业差异化创新政策评述

高端装备制造业虽然属于战略性新兴产业，但其与传统的装备制造产业关系密切，并且在很大程度上需要在传统产业基础上进行技术融合，将传统装备制造业高端化，因此在高端装备制造业中传统转型企业占有较大比例且成为其中的关键组成部分。《高端装备制造业"十二五"发展规划》把握了高端装备制造业的技术融合特点，强调了坚持发展高端装备制造业与改造提升传统产业相结合的产业发展基本原则。提出高端装备制造业将立足于传统装备制造业现有的技术积累、制造能力和产业组织基础进行布局，促进高端装备制造业相对集中发展，加快形成新的经济增长点，同时积极促进传统产业的高技术化，实现产业价值链从低端向高端跃升。

在政策措施方面，《规划》提出鼓励支持企业加大技术改造，加强产业基础能力建设，大力发展高端装备所需的关键基础件。通过加强基础研究和产品试验的工作，提高高端装备制造业的技术服务能力和水平，加快产品的技术升级。大力提高加工设备水平，推广先进工艺技术，推进制造过程信息处理、生产控制、资源管理、质量检测、环保处理等典型环节的流程化再造，实现产品设计、制造、测试等环节的自动化，提高产品稳定性和生产效率，提升制造过程的绿色化和智能化水平。以上的这些政策措施的目的是通过加快传统装备制造业的技术融合水平和速度，促进传统装备制造业的高端化。

基于企业类型的政策方面，《规划》提出为了促进高端装备制造规模化、集约化目标，大力推动优势企业实施品牌强企、国际化发展战略，积极开拓海内外市场，强强联合，跨国跨地区并购重组，做大规模，做强实力，加快培育形成一批拥有知识产权的知名品牌、主业突出、带动明显、具有国际竞争力的跨国大企业集团；鼓励规模经济效益显著的基础零部件、工艺辅具和适宜专业化发展的配套产品制造企业开展专业化协作配套，形成一大批具有竞争优势的"专、精、特、新"中小企业。

然而，高端装备制造业创新政策在把握其技术融合特点大方向的基础上，就更加需要针对传统转型企业进行具有针对性的政策引导和刺激。然而，高端装备制造业在这一方面存在较大不足，现有政策侧重基于企业规模的创新政策差异，却忽略了传统转型企业与新生企业的创新政策差异。

2. 基于传统转型企业的创新政策的优化建议

针对高端装备制造业创新政策的不足之处，本部分内容将基于高端装备制造业的技术融合特点构建高端装备制造业的创新政策体系。创新政策的差异化体现在针对高端装备制造业技术融合特点与其他产业创新政策的差异，以及高端装备制造产业内基于企业类型的创新政策差异。需要说明的是，本部分的政策构建是在现有高端装备制造业创新政策基础上的补充，而不是替代关系。需要在传统产业基础上通过技术融合形成的高端装备制造业来说，政府创新政策的重点应是传统转型企业，从而弥补传统转型企业的创新激励不足，引导和促进其创新。

（1）政策目标

针对高端装备制造业技术融合的特点，充分考虑产业内传统转型企业和新生企业的创新激励特点，通过差异化和有针对性的政府创新扶持政策来促进高端装备企业进行技术创新，大幅提升高端装备产业核心竞争力。对于具有技术融合特点的高端装备制造业来说，产业内的传统转型企业所占比重很大，但是，通过前文的分析发现传统转型企业存在研发激励不足的问题，因此，高端装备制造业的创新支持政策重点是引导和刺激传统转型企业加大研发创新，对于新生企业来说，为其创造良好的创新环境。

（2）政策措施

本部分的创新政策措施将就如何引导和刺激高端装备业内的传统转型企业研发创新来提出。从传统装备制造业进入高端装备制造业的传统转型企业由于具有相关的技术基础容易出现裹足不前，低端重复建设等情况，因此技术推动政策和需求拉动政策的重点是促使传统转型企业从渐进性创新向突破性创新转变，使其创新能力和水平得到大幅提升。

技术融合是通过技术创新打破原有应用界限，使得高新技术与传统企业合理组合并高度集成，从而产生一种新的生产能力。但这种技术融合并不只是在单个的企业内发生再扩散到其他企业的过程，而必须通过新的政策手段促使研发主体间的相互作用，通过技术转移和知识交流，进而促进资源和信息的流动，形成一种新的更复杂的技术经济系统的过程。目前来看，建立传统转型企业与高新技术活动之间的互动联结是现阶段高端装备制造业培育发展的核心任务。建立这种联结的创新支持政策包括如下几个方面。

引导企业淘汰落后产能，加快高新技术及设备的引入和更新。淘汰落后产能势在必行，这样可以促使传统产业主动创新，为战略性新兴产业发展腾出空间，推动传统转型企业进行技术改造和升级，向产业链高端迁移。通过建立稳定的财税政策降低企业淘汰落后产能和引入高新技术的成本，如对企业淘汰落后设备并新购的高新技术装备给予一定的补贴或税收优惠。但总的来说，相比财政投入政策，税收优惠政策更加简单易行，其中，税收优惠可以采用加速折旧和税收抵免等手段。加速折旧是各国广泛用于激励创新的重要政策工具。加速折旧指的是在固定资产使用初期，提取较多的折旧并逐年下降，从而使得企业税负前轻后重，虽然总的税负不变，但是形成了递延纳税，相当于政府为企业提供了一笔无息贷款。税收抵免指的是当企业淘汰落后的设备时，或购买新的技术或设备时退还企业的已纳税额，从而鼓励企业更新淘汰设备，引入新技术和设备。另外，制定的财税激励政策需要保持较高的稳定性，从而给可能享受优惠的企业明确的信号，达到吸引更多传统企业通过技术升级进入战略性新兴产业并激励创新的作用。

鼓励传统转型企业形成为企业技术升级提供支持的强大的研究机构。这个为企业服务的研究机构可以采取多种形式，如自建研究机构，与高校、政府研究机构达到紧密合作关系，兼并拥有高新技术的创新型新生企业等方式。政府在这个过程中提供多种财政税收政策激励企业形成这样的研究机构。

加大政府采购中公共技术采购的比例，完善公共技术采购制度。政府采购政策中的公共技术采购与产品采购不同，它比产品采购具有更高的要求，但也不是采购一项技术，而是对研发的企业提出技术创新的要求，政府对企业根据这个要求生产出的产品进行采购。通过公共技术采购，政府可以在高端装备制造业技术的升级发展中发挥引导作用。公共技术采购的生产商不一定是单个的传统转型企业，也可以是多家企业，或者是企业与高校、政府研究机构的合作组织形式。在共同参与公共技术采购产品的研发过程中，多种研发主体通过学习机制促进了产学研的合作交流，为形成战略技术联盟也打下了基础。另外，政府采购政策需要注重竞争机制，通过促进供应商之间的竞争，促进产业的整体研发创新。

(3) 政策的监督与反馈

政策的实施需要完善的监督机制，从而确保政策能够按照规定真正实施，而不是只停留在书面的条文上。随着产业的发展和变化，政策的效果也会出现变化，因此政策需要根据产业的发展和政策的实施效果进行调整，这就需要政策的反馈机制来达到。

二 基于技术跨越的创新政策评价与优化

1. 新材料产业差异化创新政策评述

新材料产业由于包含的细分产业较多，因此情况则比较复杂，可以说，新材料产业中的某些细分产业具有技术融合的特点，而某些细分产业则具有技术跨越的特点。因此《新材料产业"十二五"发展规划》在把握产业特点的基础上，不仅提出了鼓励传统的原材料工业企业大力发展精深加工进入新材料产业，通过延伸产业链来提高附加值，推动传统材料工业企业技术改造和转型升级，同时高度重视发挥中小企业的创新作用，支持新材料中小企业向"专、精、特、新"方向发展，鼓励中小企业发展和提高对大企业、大项目的配套能力，从而打造一批新材料产业的"小巨人"企业。

新材料产业创新政策在把握其技术演进特点大方向的基础上，就更加需要针对传统转型企业和新生企业进行具有针对性的政策引导和刺激。然而，新材料产业在这一方面的创新政策存在较大不足，现有政策对企业类型的划分仍不明确，并且只是在大方向上提出要支持各种类型的企业，却并没有具体的政策措施。对于新材料产业诸多细分产业没有针对其技术演进特点的创新政策，缺乏针对传统转型企业和新生企业的差异化的创新政策措施。

2. 基于新生企业的创新政策的优化建议

针对新材料产业创新政策的不足之处，本部分内容将基于新材料产业中具有技术跨越特点的细分产业的创新政策体系。本部分的政策构建是在现有创新政策基础上的补充，而不是替代关系。对于需要通过技术跨越形成与发展的产业来说，政府创新政策的重点应是新生企业，引导新生企业大量进入战略性新兴产业并发挥其创新动力。

(1) 政策目标

针对技术跨越的特点，充分考虑产业内传统转型企业和新生企业的创新激励特点，通过差异化和有针对性的政府创新扶持政策来促进企业进行技术创新。由于产业亟需进行技术跨域，因此产业技术推动政策和需求拉动政策的目标是促使新生企业从实现突破性创新乃至破坏性创新，使其创新能力和水平得到大幅提升，实现技术跨跃式发展。

(2) 政策措施

本部分的创新政策措施将就如何引导和刺激新材料产业内的新生企业研发创新从而实现技术跨越来提出。由于技术跨越具有非常高的风险性，因此如何引导新生企业进入战略性新兴产业并进行技术跨越是产业创新政策的重点。根据本书对新生企业的定义，新生企业包含两类企业，一类是不相关领域的传统企业，另一类是新建立的新生企业。从现实情况来看，新生企业中的传统企业一般是具有资金优势的较大型企业，新建立的新生企业中则以中小企业居多。

在准入政策方面。由于技术跨越要求企业的技术创新是突破性或破坏性的，因此为了防止企业停留在产业链低端形成重复建设，国家需要制定符合技术跨越式发展的准入政策。促使想要进入战略性新兴产业的新生企业加大研发创新力度，实现突破性或破坏性创新。

通过前文的研究表明，同一时点进入的新生企业与传统转型企业相比具有更大的研发投入，可以说新生企业的研发激励更大。然而新生企业中的中小企业由于规模小及产品和市场还不成熟，无法通过常规的渠道进行融资。由此可见，引导新生企业中的中小企业进入战略性新兴产业的一个重点就是解决其融资问题。这就需要国家完善政府创业投资基金政策和风险投资政策，并向具有技术跨越特点的产业内的新生企业进行政策倾斜，如加大对这类企业的扶持比例。完善其他形式的投融资政策，如实施政府担保贷款、鼓励新生企业在创业板上市等。另外，可以通过鼓励新生企业中的资金雄厚的传统企业与新建立的新生企业形成资金与高技术的结合。也就是说，新生企业中资金雄厚的传统企业既可以通过自主研发，也可以通过兼并拥有高技术成果的新建立的中小企业来进入战略性新兴产业。政府需要对这两种形式均给予大幅度的优惠政策。

大力发展企业孵化器和高新技术产业园区。作为一种新型的社会经济组织，企业孵化器通过提供研发、生产、经营的场地，通讯、网络与办公等方面的共享设施，系统的培训和咨询，政策、融资、法律和市场推广等方面的支持，降低新建立的战略性新兴企业的风险和成本，提高这些企业的成活率和成功率。政府为高新技术产业园区提供运作良好的基础设施，为园区内的高科技企业享受了广泛的税收政策的优惠待遇，同时减少了企业的交易成本，为企业间的创新和合作等活动提供了便利条件。通过建设具有特色的产业集群，为企业内的创新活动和企业间的合作研发提供了平台，从而促进新生企业的技术跨越式发展。

鼓励新生企业中技术创新联盟的形成和发展。技术创新联盟可以是由不同类型的企业以及高校、政府研究机构等组成。技术创新联盟解决了单一企业技术、资金薄弱的问题，并促进了各种资源在组成机构之间的扩散和分享，从而有利于产业的技术跨越式发展。

市场需求是技术跨越的强大动力和重要机遇。以市场需求为导向，通过将预测市场需求、创造市场需求、满足未被满足的市场需求与技术跨越活动进行结合，是实现技术跨越的必由之路。中国具有广阔的国内市场，因此技术跨越也面临着巨大的潜在的市场需求。政府的创新政策需要促进企业技术创新和市场需求之间的信息流通，将这两方面紧密联结，如建立信息服务平台。另外，根据战略利基管理理论，政府可以通过建立"试样市场"，使得新兴技术还在实验室阶段就将各类市场参与者联系在了一起，技术创新在利基市场中能够维持其商业性并获得利润，并最终汇入主流的产品市场。

（3）政策的监督与反馈

战略性新兴产业需要建立统一政策监督与反馈机制，监督战略性新兴产业所有产业的政策实施情况，并通过反馈机制对政策进行评估，从而找到政策存在的问题和调整的方向。

第四节　基于外部创新视角的创新政策案例分析

通过理论和实证研究，本书认为外部创新对企业创新能力的提升具有重要作用，本节将以新材料产业中的 LED 产业的并购情况为例，基于外部创新视角进行创新政策的案例分析。

一　LED 产业并购特点分析

自 20 世纪 60 年代具有实用价值的低发光效率的 LED 产生以来，LED 产业经历了几十年的发展历程，尤其是 20 世纪 90 年代之后，LED 产业在全球迅速崛起并高速发展。LED 照明市场形成了美国、亚洲、欧洲三大区域为主导的产业分布和竞争格局，且中上游的生产主要集中在日本、美国和欧洲。中国 LED 产业起步于 20 世纪 70 年代，80 年代形成产业，90 年代已具规模。早期主要以封装为主，芯片主要来自美国、日本、台湾，90 年代初才开始有了中国的芯片生产厂家。中国 LED 产业在经历了买器件、买芯片、买外延片之路后，已经实现了自主生产外延片和芯片。经过 30 多年的发展，中国 LED 产业已初步形成了较为完整的产业链。

随着战略性新兴产业的国际化不断推进，有学者认为国内企业可以通过跨国并购来获得海外的前沿技术，实现技术上的弯道超车（吴先明和苏志文，2014；陈爱贞和刘志彪，2016）。自 2014 年国际 LED 巨头企业开始并购分拆和出售 LED 照明业务，在这一背景下，中国 LED 上市企业积极实施海外并购。2015 年全产业链并购整合案例已超过 40 余起，总金额超过 300 亿元。根据商务部发布的中国对外直接投资统计公报中的数据显示，2016 年是中国企业海外并购最活跃的年份，实施对外投资并购项目 765 起，实际交易总额高达 1353.3 亿美元，形成了中国企业海外并购投资的浪潮。表 8-6 显示了 2016—2019 年中国 LED 企业海外并购的部分案例统计。从数据来看，国际性知名品牌、专利技术性企业等海外企业是中国照明企业争取收购的对象，如飞利浦照明、欧司朗照明、日本东芝等国际照明巨头。如 2017 年 3 月，木林森等联合体以约 5 亿欧元收购欧司朗照明事业 LEDVANCE，欧司朗还将收到买方团队就未来几年内使用其商标权而支付的高达 1 亿欧元的专利许可款项。

表 8-6　2016—2019 年中国 LED 企业海外并购案例（不完全统计）

投资方（兼并方）	标的	涉及金额	获得股权
东山精密	美国上市公司 MFLX	约 6.22 美元	100%
三安光电	环宇公司	2.26 亿美元	100%
F-矽力	恩智浦 LED 照明业务	2000 万美元	100%
康佳照明	东芝照明业务	10 亿元	100%
东芝照明业务	环宇公司	2.26 亿美元	100%
美的集团	东芝家电	4.73 亿美元	80%
木林森联合体	欧司朗通用照明业务	约 5 亿欧元	100%
华灿光电	美新半导体	1.87 亿元	100%
泛鸿海集团	美国 ELux 公司	约 1000 万美元	68.18%
飞乐音响	Felio Malta Ltd	约 4106 万美元	20%
飞乐音响	Havells Exim	1040 万欧元	80%
飞乐音响	Havells Exim Ltd	1137.6 万美元	80%
飞乐音响	Havells Malta	约 1.38 亿欧元	80%
同方友友	Novelty Lights	约 868.33 万美元	80%
台达电子	美国 LED 照明方案商 Amerlux	9000 万美元	100%

中国 LED 企业不仅积极进行海外并购，国内并购也频繁出现。这些并购案例主要体现出三种趋势：一是，拥有核心技术优势和规模优势的上、中游企业通过向下游垂直整合实现全产业链布局；二是，产业链各个环节中，企业通过横向整合实现产能、渠道、专利、人才和市场资源的整合，提升企业的竞争力；三是，其他行业通过兼并收购进入 LED

照明行业，或者是 LED 企业的跨界并购。表 8-7 搜集了 2016—2019 年的一些代表性并购事件。在产业政策的引导和 LED 照明技术的进步推动下，LED 照明市场增长迅速，相应的 LED 照明产业整合速度明显加快，产业集中度逐渐提升，越来越多的企业选择通过并购重组达到优势互补，增强市场竞争力。

表 8-7　2016—2019 年中国 LED 产业兼并购情况（不完全统计）

投资方（兼并方）	标的	涉及金额	获得股权
雷士照明	耀能控股有限公司	5 亿元	75%
东旭光电	上海碳源汇谷	800 万元	51%
三安光电	环宇公司	2.26 亿美元	100%
华灿光电	睿景光电科技有限公司	1 元	100%
木林森	超时代光源	3.15 亿元	80%
上海晶丰明源	成都岷创科技有限公司	未公开	100%
德豪润达	大连综德照明	2 亿	100%
正业科技	炫硕光电	1.58 亿元	100%
洲明科技	蓝普科技	6,800 万元	100%
联建光电	西安绿一/上海成光树熊网络	6.6 亿	100%
木林森	开发晶照明（厦门）	增资 3 亿元	15%
利亚德	中天照明	3.5 亿元	100%
奥拓电子	千百辉	3 亿元	100%
雷曼股份	华视新文化公司	7.8 亿	100%
华灿光电	和谐光电	16.5 亿元	100%
利亚德	君泽照明	2.48 亿元	100%
木林森	明芯光电	40 亿元	100%
佛山照明	南和实业	1.8 亿元	32.85%
雷士照明	德豪润达	1.1 亿元	1.45%
鸿利智汇	丹阳谊善车灯	2.3 亿元	51%
宜安科技	欧普工业	2.2 亿元	100%

续表

投资方（兼并方）	标的	涉及金额	获得股权
海洋王	浙江沪乐	1.17 亿	51%
勤上光电	思齐教育	6 亿元	10%
勤上光电	凹凸教育	2.6 亿元	10%
太龙照明	厦门仕元	500 万元	100%
超频三	炯达能源	2.99 亿元	100%
国星光电	新立电子	1780 万元	100%

二 LED 产业外部创新的政策评价与优化建议

LED 产业针对企业外部创新的政策散落在一些政策文件中，如 2017 年发布的《半导体照明产业"十三五"发展规划》和《光伏制造行业规范条件（2018 年本）》等。

《半导体照明产业"十三五"发展规划》主要从三个方面的政策促进企业的外部创新。其一是跨界集成创新，其二是协同创新，其三是国际合作。

跨界集成创新方面。《规划》提出坚持创新引领，促进跨界融合，实现从基础前沿、重大共性关键技术到应用示范的全产业链创新设计和一体化组织实施。推动系统集成发展，加强半导体照明产业跨界融合。推进半导体照明产业与互联网的深度融合，促进智慧照明产品研发和产业化，支撑智慧城市、智慧社区、智慧家居建设。推动半导体照明与装备制造、建材、文化、金融、电子、通讯行业深度融合，在技术研发、示范应用、标准制定等方面协调发展，提升产品附加值，推动半导体照明产业向高端应用升级。

协同创新方面。《规划》提出鼓励企业间联合投入开展协同创新研究，联合牵头实施产业化目标明确的国家科技项目。支持企业与科研院所、高校共建新型研发机构，开展合作研究。

国际合作方面。《规划》提出鼓励企业到境外建立研发机构。鼓励企业对标国际同类先进企业，加强跨界融合、协同创新，推动产业迈向中高端。引导企业参加各类国际标准组织和国际标准制定修订工作。鼓励企业加强国际专利部署。鼓励通过市场化机制、专业化服务和资本化途径，建设集研发设计、技术转移、成果转化、创业孵化、科技咨询、标准检测认证、电子商务、金融、人力培养、信息交流、品牌建设、国际资源对接等一体化的专业化LED创新服务平台。在推动高效节能半导体照明产品"走出去"的基础上，进一步开展标准、检测、认证、产能、技术、工程、服务等全方位的国际合作，推动互利共赢、共同发展。充分利用科技、节能环保、应对气候变化、经贸等领域双多边合作渠道，积极融入全球合作网络，探索合作新模式、新路径、新体制。开展半导体照明技术、标准、标识、检测、认证等国际合作，推动联合共建实验室、研究中心、设计中心、技术服务中心、科技园区、技术示范推广基地。

在并购方面，《规划》提出要积极引导、鼓励LED照明企业兼并重组，做大做强，培育具有国际竞争力的龙头企业。《光伏制造行业规范条件（2018年本）》提出现有光伏制造企业及项目未满足规范条件要求的，根据产业转型升级的要求，在国家产业政策的指导下，通过兼并重组、技术改造等方式，尽快达到本规范条件的要求。

从LED产业现有的外部创新政策来看，缺乏针对性的财税、金融、人才等政策。因此政策优化总体来说要针对LED企业外部创新的特点，充分考虑外部创新与内部创新的互动关系，通过有针对性的政府创新扶持政策来促进企业进行外部创新，以及通过外部创新促进企业内部创新。具体的政策优化建议在下一章提出。另外，外部创新政策还需要评估政策实施的效果，政策是否促进了企业创新水平的提高，如果没有达到预期的政策目标，则需要对现有政策或政策执行存在的问题进行纠正。在对创新政策的不断评估和反馈过程中调整和优化政策。

第九章　战略性新兴产业创新政策的政策优化与建议

总的来说，政府应该建立健全一套着眼于战略性新兴产业创新特点、充分考虑企业类型和企业外部创新等因素的扶持政策体系。不仅能够为我国战略性新兴产业的研发创新构建良好的政策环境，而且在很大程度上还可以影响战略性新兴企业的研发创新行为，促进战略性新兴产业创新水平的提高。

第一节　战略性新兴产业创新政策优化的总体建议

一　明确政府与企业的分工协作关系

政府与企业对于科技创新具有分工协作的关系。企业作为科技创新的主体之一，是非常活跃的。但是，企业由于追求利润，追求科技成果的商业转化，因此缺乏对基础研究的投资激励，而将投资集中于可速效转化为利润的应用研究。基础研究是许多应用研究的基石，而且具有很大的溢出效应，因此政府应当支持具有巨大溢出效应、并能使整个社会获益的基础和应用研究。然而过度的政府研发投资往往会挤出企业的研发投资，而且对政府的财政产生巨大的压力。因此政府需要通过多种政策工具来激励和支持企业进行科技创新，通过政府投资来引导更多的企业投资而不是挤出企业投资。政府的科技创新成果需要通过企业的运用完成商业转化从而促进生产力的发展。反过来，企业对科技创新的需求也可以推动政府科技创新的步伐。政府和企业可以进行广泛的研发合作，共同推进科技创新。

二　重视与运用政策工具的协同作用

中国的创新政策的制定方式需要从一个不协调的、零散的制定方式向一个协调的、具有整体性的政府政策方式转变。从国外发展战略性新兴产业的政策实践来看，每个国家都综合运用了多种政策工具，如财税政策、金融政策、科技政策、贸易政策等等。每一种政策工具并不能孤立地使用，而是需要对这些政策工具进行综合运用。对于多种政策的融合和交叉运用，才能够充分发挥政策工具的协同作用。另外，针对具有不同特征的企业实行有侧重的扶持政策。如对于进入战略性新兴产业的传统转型企业，需要重视通过财政扶持和税收优惠等政策促进其研发创新。对于准备进入战略性新兴产业的企业，通过政府投资的创业投资基金、企业孵化器等方式鼓励引导企业进入战略性新兴产业。

三　重视对创新政策效果的评估与调整优化

中国创新政策评估系统仍然是较为薄弱的。对创新政策和措施需要建立一个更加制度化的评估框架，采用合适的评估方法和实践经验。对创新系统理论和政策日益增强的研究能力进行支持，将会帮助评估系统打造一个更好的基础，使之更容易采用现在的评估原则和方法。中国还没有一个专门对重大科学技术变革进行长期跟踪研究并为国家提出战略性建议的机构。我国现有科技与产业职能分散在国家发改委、工信部、科技部、财政部、科学院和工程院等多个机构，这些机构都难以切实承担起这个职能。

针对战略性新兴产业的发展变化，对扶持政策进行动态调整和不断优化。战略性新兴产业具有很高的成长性，产业的技术发展路线、产品需求市场等诸多方面处于动态变化中。因此，我国战略性新兴产业的扶持政策需要在把握产业发展和变化的基础上,重视对政策效果的评估。我国政策评估系统仍然是较为薄弱的。对扶持政策的实施情况和效果需要建立一个更加制度化的评估框架,采用合适的评估方法和实践经验。然后针对评估结果不断发现政策未能发挥作用的症结所在、政策是否能很好地适用战略性新兴产业的融资需求的变化,从而对战略性新兴产业的扶持政策进行动态调整和修正,真正发挥政策对战略性新兴产业创新和发展的强大助推作用。

第二节 基于企业类型的战略性新兴产业创新政策建议

一 重视传统转型企业的技术升级改造

作为发展中国家,我国所处的经济社会状况决定了在发展战略性新兴产业时,传统产业仍然占有重要的地位。从已经进入战略性新兴产业的企业来看,传统转型企业仍占很大比重。但本书的研究发现传统转型企业与新生企业相比其研发创新的积极性较小,因此政府创新基金应该通过各种方式大力推动其研发创新,弥补企业自身研发激励的不足。培育和发展战略性新兴产业需要以传统产业为基础,充分利用传统产业的人才和市场等优势,尽快推动其技术转型升级,这对于具有渐进式技术融合特点的产业部门尤为重要。将高新技术与传统产业全面结合,全面提升具有优势的传统转型企业的研发创新能力。由于传统转型企业同时生产传统旧产品和战略性新兴产业新产品,政府可以通过制定加速折旧或补贴新产品等政策推动其技术升级和改造。在传统产业发展还不完善的情况下培育战略性新兴产业,通过尽快对传统产业进行技术改造,总结产业发展的经验与教训,才能为战略性新兴产业发展奠定基础。如青岛市正针对装备制造业实施调整和升级政策,推动这一支柱产业向集群化、智能化和高端化发展。青岛正通过建设高端装备产业园区整合一批具有数十年历史的机械装备企业,借力企业搬迁政策促使传统企业更新设备以及技术改造,从而努力打造技术领先的高端装备生产加工基地。可见,片面认为发展战略性新兴产业就是摒弃传统产业,重新建立新产业是不切实际的。传统转型企业和新生企业对于发展战略性新兴产业都具有重要的作用。另外,在我国加快转变经济发展方式的大局势下,提升传统转型企业的研发创新能力对我国加快经济发展方式转变以及产业结构优化都起到了尤为关键的作用。

第四,优化技术创新的制度安排,鼓励新生企业进入战略性新兴产业。从研究结论上看,在同一时点进入战略性新兴产业的新生企业与传统转型企业相比具有更大的研发创新激励。对于新生企业,其中有一部分大型企业在进入前处于传统产业,虽然其原来的生产领域不属于战略性新兴产业相联系的领域,但其拥有雄厚的资金优势,对于发展战略性新兴产业发挥了重要的作用。一些小规模的新建立的新生企业,它们虽然实力较为薄弱,但却具有强大的创新激励与创新能力,是发展战略性新兴产业不可或缺的组成部分。由此可见,新生企业对于战略性新兴产业的发展同样发挥着重要的作用,对需要通过技术跨越形成与发展的战略性新兴产业来说尤为重要。但是,作为研发创新生力军的新生企业在战略性新兴产业中所占的比重仍较小。因此,政府需要通过放宽准入、政策优惠等多种方式鼓励其进入战略性新兴产业,通过优化技术创新的制度安排推动其进行研发创新。如通过政府投资的创业投资基金、企业孵化器等方式鼓励引导新生企业进入战略性新兴产业。对于新生企业投入的重大科技项目,政府通过对其项目的价值进行评估,选择一些不确定性大但却代表着未来技术发展方向的项目进行资金资助,并鼓励企业之间的强强合作研发。

二 制定多样化差别化的创新政策

不同的企业类型乃至产业部门具有不同的技术基础和经济特征,这种差异性也决定了政府在制定创新政策时需要充分考虑不同企业类型以及产业之间的特征和差异性,从而建立和完善差异化的创新政策体系。

创新政策体系必须与一个国家的产业发展战略、与不同产业的技术经济特征相结合、与不同企业类型相适应，与产业的不同发展阶段特征相符合。中国的创新政策体系应该从致力于促进研发活动的政策向创造一个创新友好型的政策体系转变；从"千人一面"的政策措施向针对具体情况精细调节、体现差异性的政策措施转变，以为创新提供满足其政策需求的向更为精巧复杂的创新支持政策转变。如政府创新基金的投资方式如果采取单一的直接补贴方式，往往不能充分发挥基金对企业创新的引导和推动的作用。创新基金需要通过多样化的投资方式，充分调动企业研发创新的积极性，最大限度地引导和推动企业进行研发创新。如《广东省战略性新兴产业发展专项资金管理办法》提出专项资金将根据项目实际采用贷款贴息、无偿补助、以奖代补等方式安排使用。政府与企业在科技创新中着扮演不同的角色，具有分工协作的关系。政府和市场的边界无论在现实中还是在理论上都是模糊的。政府与市场范围的界定只能是权宜变化的，需要根据具体的经济环境作出具体的界定。发展战略性新兴产业的政府政策也需要考虑政府与市场的边界，强调政府发展基金等投资的引导和刺激作用。战略性新兴产业的发展产生了大量的融资需求，政府提供有限的发展基金的作用应该是引导规模巨大的产业资本的投入，而不是单纯的代替产业资本的投资。政府引导企业创新的目标是使得企业不再是政府投资建立研究机构的借用者和模仿者，而是研究开发新技术的领导者，从而主导新技术早期阶段的商业化过程。

三 制定和实施细分产业的扶持政策

从现有战略性新兴产业扶持政策来看，基本以总体规划和整体部署为主。战略性新兴产业包含七大产业，并且每个具体产业还包括许多细分产业，不同产业具有个性化的特征并存在亟待解决的不同发展问题。因此战略性新兴产业扶持政策需要制定和实施细分产业的扶持政策。下一步的政策制定与实施需要通过对各具体产业的发展情况和存在问题的把握和了解，针对战略性新兴产业各细分产业具体情况出台相应的扶持政策。

第三节 基于外部创新的战略性
新兴产业创新政策建议

一 为企业开展外部创新提供融资便利的财税政策和金融政策

引导金融机构加强针对企业外部创新的金融产品和服务创新。政府需要将金融政策从"千人一面"、"万金油"的政策措施逐渐向针对具体情况精细调节、体现差异性的政策措施进行转变，以为创新提供满足其融资需求政策向更为精巧复杂的具有针对性的金融支持政策转变。在充分考察企业外部创新行为的基础上，引导金融机构积极开发针对企业外部创新的金融产品，促进战略性新兴企业利用创新网络从而进行外部创新。

积极探索支持战略性新兴产业知识产权流动、技术引进、并购重组、建立创新联盟等方面的金融产品和金融服务。通过政府引导基金带动社会资本，为战略性新兴企业的外部创新行为提供资金支持，如传统上的贴息贷款、基金支持。另外，金融创新方面，鼓励建设一些领域的无形资产确权、评估、质押、流转体系，积极推进知识产权质押融资、股权质押融资、供应链融资、科技保险等金融产品创新。鼓励创新知识产权金融产品，开发知识产权投贷、投保、投债联动等新产品，探索知识产权股权化、证券化。

重视国际化对提升企业创新能力的重要性，为战略性新兴产业"走出去"创造更有利的政策环境，着力减少和消除企业国际化过程中所面临的障碍。着力减小和化解企业国际化经营所面临的风险，对海外投资保险体系的建设给予足够关注，尤其重视存在较高风险的技术获取型的海外投资，国家应当为企业设立专门的政府担保条款，合理分摊企业海外经营风险。扩大我国金融业的国际化水平，为"走出去"的企业提供更多的金融产品和服务。我国政府还应加强与各国政府的合作与沟通，为企业开辟道路，保驾护航，并为企业建立相关产业信息发布、搜集、分析评价体系，做好能让企业敢大胆"走出去"的政策机制。

二　为企业加强消化吸收和再创新的相关政策

无论是技术引进还是并购和国际化等企业外部创新行为，都离不开企业消化吸收和再创新能力，这样才能发挥外部创新对企业的作用，取长补短，不断提高企业自主创新能力。因此强调外部创新不能放弃内部创新，也就是说重视战略性新兴企业外部创新引入的同时仍要非常重视企业的对外部创新的学习和吸收能力、将外部创新知识消化吸收并再创新。另外，由于战略性新兴产业还在不断的发展中，不同企业之间的技术往往存在差异性，因此企业在进行外部创新之时，需要充分考虑企业之间技术的协同性和互补性。这就意味着，对于基于外部创新视角的战略性新兴产业扶持政策不能对所有的企业一律盲目支持，而是要有所取舍，但不能对不同所有制企业实行歧视性待遇。具体来说，国家可以采取财政税收政策、金融政策、科技政策等方面来促进企业消化吸收和再创新能力的提升。如运用政府财政资金设立"企业消化吸收与再创新专项"，对企业消化吸收和再创新的税收优惠、支持企业通过产学研结合方式对引进的技术进行消化吸收与再创新，支持企业之间的技术创新联盟的相关政策等。

三　为企业吸引外部创新人才的人才政策

当企业利用国内外的创新资源进行外部创新时，优秀的创新人才都是至关重要的。封闭式创新在企业内部进行，研发、管理、市场等环节可以分开设置，对创新人才的综合能力要求相对较低。而在开放式创新时，有利于企业进行外部创新的优秀人才不仅要懂技术，还要懂管理和市场，如果是利用国外的创新资源，还需要创新人才精通外国语言和文化，因此，对人才的要求更高，那么有利于企业外部创新的人才政策则需要更加有力且灵活，能够吸引优秀的创新人才。

具体来说，国家可以为企业引进国内外优秀人才提供便利的环境、快捷的引进程序、财政补贴、税收优惠等方面的支持。

四 为企业提供综合服务的创新服务体系

良好和完善的创新服务体系对于企业有效利用外部创新资源的作用不言而喻。如企业有时要搜寻、选择合适的技术成果,并获得转让或许可,有时要把企业自身的技术成果以合适的价格转让出去,这都需要发达的技术交易市场。企业所需要的技术交易市场,不能是简单的信息交换平台或者登记平台,而应该是一个能够提供咨询、评估等服务的综合平台,最好能够与金融机构、孵化机构等深度合作。企业在进行产学研合作或者与其他企业进行技术交流时,都需要完善的创新服务体系,为企业降低外部创新的交易成本。因此,国家不仅需要培育优秀的创新服务机构,并且还要从内部激励入手,实施科技成果处置权和收益权改革,从而促进企业的外部创新。

参考文献

白俊红:《中国的政府 R&D 资助有效吗? 来自大中型工业企业的经验证据》,《经济学季刊》2011 年第 4 期。

柏林科学技术研究院:《文化 VS 技术创新》,吴金希等译,知识产权出版社 2006 年版。

蔡坚:《基于知识流动的企业创新网络与创新绩效关系研究》,华中科技大学出版社 2016 年版。

陈强:《高级计量经济学及 Stata 应用》(第二版),高等教育出版社 2014 年版。

陈钰芬、陈劲:《开放式创新促进创新绩效的机理研究》,《科研管理》2009 年第 4 期。

冯根福、温军:《中国上市公司治理与企业技术创新关系的实证分析》,《中国工业经济》2008 年第 2 期。

傅家骥:《技术创新学》,清华大学出版社 1998 年版。

傅利平、李小静:《政府补贴在企业创新过程的信号传递效应分析——基于战略性新兴产业上市公司面板数据》,《系统工程》2014 年第 11 期。

桂黄宝、李航:《政府补贴、产权性质与战略性新兴产业创新绩效——来自上市挂牌公司微观数据的分析》,《科技进步与对策》2019 年第 14 期。

郭晓丹、何文韬:《融合与跨越:新旧产业间技术升级路径研究》,《东北财经大学学报》2012年第1期。

郭晓丹、何文韬：《战略性新兴产业规模、竞争力提升与"保护性空间"设定》，《改革》2012年第2期。

郭晓丹、何文韬：《战略性新兴产业政府R&D补贴信号效应的动态分析》，《经济学动态》2011年第9期。

郭晓丹、宋维佳：《战略性新兴产业的进入时机选择：领军还是跟进》，《中国工业经济》2011年第5期。

贺俊、吕铁：《战略性新兴产业：从政策概念到理论问题》，《财贸经济》2012年第5期。

後藤晃：《创新和日本经济》，岩波新书出版社2000年版。

胡雪峰、吴晓明：《并购、吸收能力与企业创新绩效——基于我国医药上市公司数据的实证分析》，《江苏社会科学》2015年第2期。

姜晓婧、苏美丽：《资产专用性视角下战略性新兴产业并购创新绩效》，《首都经济贸易大学学报》2019年第6期。

姜晓婧：《战略性新兴产业扶持政策效果的实证检验》，《产业组织评论》2014年第1期。

李贲、吴利华：《开发区设立与企业成长：异质性与机制研究》，《中国工业经济》2018年第4期。

李青原、陈晓、王永海：《产品市场竞争、资产专用性与资本结构——来自中国制造业上市公司的经验证据》，《金融研究》2007年第4期。

李瑞：《我国战略性新兴产业体系的政策文本分析——以通用航空产业为例》，《科技管理研究》2020年第16期。

李香菊、杨欢：《财税激励政策、外部环境与企业研发投入——基于中国战略性新兴产业A股上市公司的实证研究》，《当代财经》2019年第3期。

李小芳：《吸收能力对技术并购创新绩效的影响》，博士学位论文，南京大学，2017年。

李小静、孙文生：《政府干预、所有权与战略性新兴产业自主创新效率研究》,《河北经贸大学学报》2016 年第 3 期。

连燕华:《关于技术创新政策体系的思考》,《科学学与科学技术管理》1999 年第 4 期。

刘澄、顾强、董瑞青:《产业政策在战略性新兴产业发展中的作用》,《经济社会体制比较》2011 年第 1 期。

陆国庆、王舟、张春宇:《中国战略性新兴产业政府创新补贴的绩效研究》,《经济研究》2014 年第 7 期。

吕晓军:《政府补贴与企业技术创新产出——来自 2009—2013 年战略性新兴产业上市公司的证据》,《中国科技论坛》2016 年第 12 期。

吕晓军:《政府补贴与企业技术创新投入——来自 2009—2013 年战略性新兴产业上市公司的证据》,《软科学》2016 年第 12 期。

苗敬毅、蔡呈伟:《我国煤炭行业上市公司技术效率及其影响因素——基于 Tobit-DEA 模型》,《技术经济》2012 年第 7 期。

南晓莉、韩秋:《战略性新兴产业政策不确定性对研发投资的影响》,《科学学研究》2019 年第 2 期。

聂辉华、谭松涛、王宇锋:《创新、企业规模与市场竞争——中国企业层面面板数据的分析》,《世界经济》2008 年第 7 期。

彭峰、李燕萍:《技术转移方式、自主研发与高技术产业技术效率的关系研究》,《科学学与科学技术管理》2013 年第 5 期。

彭峰:《高技术产业中技术转移与效率变化:中国工业企业的证据》,博士学位论文,武汉大学,2013 年。

任晓,《银行间债市支持新兴产业债务融资》,《中国证券报》2011 年 3 月 15 日。

盛朝迅:《战略性新兴产业政策转型方向和重点》,《经济纵横》2018 年第 3 期。

史忠良、何维达:《产业兴衰与转化规律》,经济管理出版社 2004 年版。

苏东水:《产业经济学》,高等教育出版社 2000 年版。

孙建、吴利萍、齐建国：《技术引进与自主创新：替代或互补》，《科学学研究》2009年第1期。

孙启贵、邓欣、徐飞：《破坏性创新的概念界定与模型构建》，《科技管理研究》2006年第8期。

孙蕊、吴金希：《我国战略性新兴产业政策文本量化研究》，《科学学与科学技术管理》2015年第2期。

孙晓华、郑辉：《买方势力、资产专用性与技术创新——基于中国汽车工业的实证检验》，《管理评论》2011年第10期。

王建彬：《不同生命周期产业创新政策之评估研究》，《科技发展政策报道》2006年第10期。

王胜光：《创新政策的概念与范围》，《科学学研究》1993年第3期。

王宛秋、马红君：《技术并购主体特征、研发投入与并购创新绩效》，《科学学研究》2016年第8期。

王伟光、冯荣凯、尹博：《基于动态演化的产学研合作创新机制研究——兼论辽宁省产学研合作应对策略》，《辽宁大学学报》（哲学社会科学版）2012年第1期。

王伟光、冯荣凯、尹博：《技术引进、自主创新与技术效率——基于技术能力与技术效率的系统动力学研究》，《辽宁大学学报》（哲学社会科学版）2015年第5期。

王宗光、王雷、王欣：《中国企业跨国并购技术整合现状探讨》，《对外经贸实务》2009年第9期。

温军、冯根福：《异质机构、企业性质与自主创新》，《经济研究》2012年第3期。

吴超鹏、吴世农、郑方镳：《管理者行为与连续并购绩效的理论与实证研究》，《管理世界》2008年第7期。

吴延兵：《自主研发、技术引进与生产率——基于中国地区工业的实证分析》，《经济研究》2008年第8期。

武咸云、陈艳、杨卫华：《战略性新兴产业的政府补贴与企业R&D投入》,《科研管理》2016年第5期。

肖黎明、袁敏:《技术引进对企业自主创新的影响分析》,《江西社会科学》2014年第7期。

肖利平、谢丹阳:《国外技术引进与本土创新增长:互补还是替代——基于异质吸收能力的视角》,《中国工业经济》2016年第9期。

肖兴志、韩超、赵文霞等:《发展战略、产业升级与战略性新兴产业选择》,《财经问题研究》2010年第8期。

肖兴志、姜晓婧:《战略性新兴产业政府创新基金投向:传统转型企业还是新生企业》,《中国工业经济》2013年第1期。

肖兴志、王建林:《谁更适合发展战略性新兴产业——对国有企业与非国有企业研发行为的比较》,《财经问题研究》2011年第10期。

肖兴志、谢理:《中国战略性新兴产业创新效率的实证分析》,《经济管理》2011年第11期。

肖兴志:《中国战略性新兴产业发展的财税政策建议》,《财政研究》2011年第12期。

肖兴志:《中国战略性新兴产业发展战略研究》,《经济研究参考》2011年第7期。

辛玉红、李星星:《中国新能源上市公司技术效率研究》,《技术经济与管理研究》2013年第9期。

徐冠华:《关于自主创新的几个重大问题》,《中国软科学》2006年第4期。

徐虹、林钟高、芮晨:《产品市场竞争、资产专用性与上市公司横向并购》,《南开管理评论》2015年第3期。

徐欣:《企业技术引进、产权与倒U型绩效——基于中国上市公司的实证研究》,《科研管理》2015年第9期。

玄兆辉:《区域创新模式选择的理论方法与实证研究》,科学技术文献出版社2016年版。

薛澜、柳卸林:《OECD中国创新政策研究报告》,穆荣平等译,科学出版社 2011 年版。

翟海燕、董静、汪江平：《政府科技资助对企业研发投入的影响——基于 Heckman 样本选择模型的研究》，《研究与发展管理》2015 年第 5 期。

张杨勋：《产业政策、技术比较优势与创新产出——基于战略性新兴产业政策实施的分析》，《广东财经大学学报》2020 年第 2 期。

张永成、郝冬冬、毛宏燕：《开放条件下企业自主创新与技术引进的关系研究》，《科技管理研究》2009 年第 10 期。

赵志耘、杨朝峰：《转型时期中国高技术产业创新能力实证研究》，《中国软科学》2013 年第 1 期。

甄丽明、唐清泉：《技术引进对企业绩效的影响及其中介因素的研究——基于中国上市公司的实证检验》，《管理评论》2010 年第 9 期。

周城雄、李美桂、林慧等：《战略性新兴产业：从政策工具、功能到政策评估》，《科学学研究》2017 年第 3 期。

周黎安、陈烨：《中国农村税费改革的政策效果：基于双重差分模型的估计》，《经济研究》2005 年第 8 期。

朱平芳、李磊：《两种技术引进方式的直接效应研究——上海市大中型工业企业的微观实证》，《经济研究》2006 年第 3 期。

朱艳鑫、朱艳硕、薛俊波：《地方政府产业政策的文本量化研究——以战略性新兴产业政策为例》，《经济问题探索》2016 年第 2 期。

庄涛、吴洪、胡春：《高技术产业产学研合作创新效率及其影响因素研究——基于三螺旋视角》，《财贸研究》2015 年第 1 期。

Aghion, P., Blundell, R., Griffith, R., Howitt, P. and Prantl, S, "The effects of entry on incumbent innovation and productivity", *Review of Economics and Statistics*, No. 91, 2009.

Ahuja G and Katila R, "Technological acquisitions and the innovation performance of acquiring firms: A longitudinal study", *Strategic Management Journal*, Vol. 22, No. 3, 2001.

Ames, E. and Rosenberg, N., *Technological Change in the Machine Tool Industry*, 1840 – 1910, in Rosenberg, N. ed, *Perspectives on Technology*, Cambridge: Cambridge University Press, 1997.

Arnold, E., Kuhlmann, S. and van der Meulen, B., A Singular Council. "Evaluation of the Research Council of Norway", Study Commissioned by the Norwegian Government (manuscript), 2001.

Arrow, K. J., "The Economic Implications of Learning by Doing", *The Review of Economic Studies*, Vol. 29, No. 3, 1962.

Arthur, W. B., "The Structure of Invention", *Research Policy*, Vol. 36, No. 2, 2007.

AZ Fu, WH Dow and GG Liu, "Propensity score and difference-in-difference methods: a study of second-generation antidepressantusein patients with bipolar disorder", *Health Services and Outcomes Research Methodology*, No. 7, 2007.

Bain, J. S., *Barriers to New Competition*, Cambridge, MA: Harvard University Press, 1956.

Barney, J., "Returns to bidding firms in mergers and acquisitions: Reconsidering the relatedness hypothesis", *Strategic Management Journal*, No. 9, 1988.

Barros P. P., and Nilssen, T., "Industrial Policy and Firm Heterogeneity", *Scand. J. of Economic*, Vol. 101, No. 4, 1999.

Becker, S. and A. Ichino, "Estimation of Average Treatment Effects based on Propensity Scores", *Stata Journal*, Vol. 2, No. 4, 2002.

Belderbos, R., Carree, M. and Lokshin, B., "Cooperative R&D and Firm Performance", *Research Policy*, Vol. 33, No. 10, 2004.

Bianchi, M., Cavaliere, A., Chiaroni, D., Frattini, F. and Chiesa, V., "Organisational modes for open innovation in the bio-pharmaceutical industry: An exploratory analysis". *Technovation*, No. 31, 2011.

Bound J., Cummins C., Griliches Z., et al., *R&D, Patent and Productivity*, University of Chicago Press, 1984.

Brand Stewart, The Media Lab: *Inventing The Future at MIT*, New York: Viking Press, 1987.

Breschi, S., F. Malerba, et al., "Technological Regimes and Schumpeterian Patterns of Innovation", *Economic Journal*, No. 110, 2000.

Bresman, H., Birkinshaw, J. and Nobel, R., "Knowledge transfer in international acquisitions", *Journal of International Business Studies*, No. 30, 1999.

Cefis, E., "Is there persistence in innovative activities?" *International Journal of Industrial Organization*, No. 21, 2003.

Chesbrough, H., Open Innovation: *The New Imperative for Creating and Profiting from Technology*. Boston: Harvard Business School Press, 2003.

Chesbrough, H. W., "Open Innovation: The New Imperative for Creating and Profiting from Technology", *California Management Review*, No. 3, 2003.

Chidamber, S. R. and Kon H. B., "A research retrospective of innovation inception and success—the technology-push, demand-pull question", *International Journal of Technology Management*, Vol. 9, No. 1, 1994.

Christensen, C. M., The Innovator's Dilemma: *When New Technologies Cause Great Firms to Fail*, Boston: HBS Press, 1997.

Christensen, C. M. and Bower, J. L., "Customer Power, Strategic Investment, and the Failure of Leading Firms". *Strategic Management Journal*, No. 17, 1996.

Christensen, Clayton M., Raynor, Michael E. and Anthony, Scott D., "Six Keys to CreatingNew-Growth Businesses", *Harvard Management Update*, Vol. 8, No. 1, 2003.

Cleary, S., "The Relationship between Firm Investment and Financial Status", *Journal of Finance*, Vol. 54, No. 2, 1999.

Cohen, W. M. and Levinthal, D. A., "Absorptive Capacity: A New Perspective on Learning and Innovation", *Administrative Science Quarterly*, No. 35, 1990.

Cubbin, J. and P. Geroski, "The Convergence of Profits in the Long Run: Inter-firm and Intra-industry Comparisons", *Journal of Industrial Economics*, No. 35, 1987.

D. J. Collis and C. A. Montgomery, corporate strategy: *resources and the scope of the firm*, theme Graw-Hill Companies, 1997.

d'Aspremont C. and A. Jacquemin., "Cooperative and Noncooperative R&D in Duopoly with Spillovers", *American Economic Review*, Vol. 78, No. 5, 1988.

Dehejia, R. H. and S. Wahba, "Propensity Score-Matching Methods for Non-experimental Causal Studies", *Review of Economics and Statistics*, Vol. 84, No. 1, 2002.

Demsetz, H., "Industry Structure, Market Rivalry, and Public Policy", *Journal of Law and Economics*, No. 16, 1973.

Dosi, G., "Sources, Procedures, and Microeconomic effects of innovation", *Journal of Economic Literature*, No. 26, 1988.

Dosi, G., "Technological Paradigms and Technological Trajectories: a Suggested Interpretation of the Determinants and Directions of Technical Change", *Research Policy*, Vol. 11, No. 3, 1982.

Entezarkheir M., Moshiri S., "Mergers and Innovation: Evidence from a Panel of U. S. Firms", Working Paper, 2016.

Eric von Hippel., *The Sources of Innovation*, New York: Oxford University Press, 1988.

Fagerberg, J., Mowery, D. C., and Nelson, R. R., *The Oxford handbook of innovation*, Oxford University Press, 2005.

Frankel, M., "Obsolescence and technological change in a maturing economy", *The American Economic Review*, Vol. 45, No. 3, 1955.

Freeman C., "Networks of innovators: A synthesis of research issues", *Research Policy*, No. 20, 1991.

Freeman C., Reviews the book "Technological Change: Economics, Management and Environment", *Journal of Economic Literature*, Vol. 15, No. 1, 1977.

Freeman, C., *The Economics of Industrial Innovation*, Cambridge, MA: The MIT Press, 1974.

Gambardella, A. and M. S. Giarratana, "Fingerprints of the visible hand. Do size and organization influence the balance between outward and inward absorptive capacity", Working paper, 2006.

Gassmann, O. and E. Enkel, "Towards a theory of open innovation: Three core processachetypes", *R&D Management*, 2006.

Gassmann, O. and Enkel, E., "Towards a Theory of Open Innovation: Three Core Process Archetypes", The R&D Management Conference, Lisbon, July 7 – 9, 2004.

Gelabert L., Fosfuri A. GELABERT, L., FOSFURI, A. and TRIBÓ, J. A. "Does the effect of public support for R&D depend on the degree of appropriability?" *The Journal of Industrial Economics*, Vol. 15, No. 4, 2009.

Gilfillan, S. Colin, *The sociology of invention*, Chicago: Folliett, 1935.

Gilson, R. J., "Engineering a venture capital market: Lessons from the American experience", *Stanford Law Review*, No. 55, 2003.

Grabowski, H. G., "The Determinants of Industrial Research and Development: A Study of the Chemical, Drug, and Petroleum Industries", *Journal of Political Economy*, Vol. 76, No. 2, 1968.

Grossman, S. J. and O. D. Hart, "Takeover bids, the free rider problem and the theory of the corporation", *Bell Journal of Economics*, No. 11, 1980.

Gunno Park and Jina Kang., "Entry Conditions Firm Strategies and Their Relationships to the Innovation Performance of an Emerging Green Industry: The Case of the Solar Cell Industry", *Asian Journal of Technology Innovation*, No. 18, 2010.

Hall, B., "Mergers and R&D revisited", NBER Conference on Mergers and Productivity, mimeo, 1999.

Hansen, G. S. and Hill, C. W. L., "Are Institutional Investors Myopic? A Time-series Study of Four Technology Driven Industries", *Strategic Management Journal*, No. 12, 1991.

Haspeslagh, P. C. and Jemison, D. B., Managing acquisitions: *creating value through corporate renewal*, New York: Free Press, 1991.

Hastbacka, A., "Open Innovation: What's Mine is Mine What if Yours Could Be Mine", *Technology Management Journal*, No. 12, 2004.

Haunschild, P. R., Davis-Blake, A. and Fichman, M., "Managerial Overcommitment in Corporate Acquisition Processes", *Organization Science*, Vol. 5, No. 4, 1994.

Hawawini, G., Subramanian, V. and Verdin, P., "Is Performance Driven by Industry or Firm Specific Factors? A New Look at the Evidence", *Strategic Management Journal*, Vol. 24, 2003.

Hayward M. L. A., "When do Firms Learn from Their Acquisition Experience? Evidence from 1990 to 1995", *Strategic Management Journal*, Vol. 23, No. 1, 2002.

Henderson, R., "Underinvestment and Incompetence as Responses to Radical Innovation: Evidence from the Photolithographic Alignment Equipment Industry", *RAND Journal of Economics*, Vol. 24, No. 2, 1993.

Hobday, M., *Innovation in East Asia: The Challenge to Japan*, Aldershot, England and Brookfield: Edward Elgar Publishing Company, 1995.

Hoogma, R., Kemp, R., Schot, J. etal, *Experimenting for Sustainable*

Transport: The Approach of Strategic Niche Management, London: Spon Press, 2002.

Hoskisson, Robert E. and Lowell W. Busenitz, "Market Uncertainty and Learning Distance in Corporate Entrepreneurship Entry Mode Choice," In Michael A. Hitt, R. DuaneIreland, S. Michaeland Donald L. Sexton, *Strategic Entrepreneurship: Creating a New Mindset*, Oxford, UK: Blackwell, 2002.

Irwin, D. and Klenow, P., "High Tech R&D Subsidies: Estimating the Effects of Sematech", *Journal of International Economics*, Vol. 40, 1996.

Jeng, L. and Wells, P., "The Determinants of Venture Funding: Evidence Across Countries", *Journal of Corporate Finance*, Vol. 6, 2000.

Jensen, J. B., and McGuckin, R. H., "Firm Performance and Evolution: Empirical Regularities in the U. S. ", Microdata, In: Laaksonen, S. (ed.), *The Evolution of Firms and Industries. International Perspectives*, Vol. 223, 1997.

Jensen, M. C. and R. S. Ruback, "The Market for Corporate Control: the Scientific Evidence", *Journal of Financial Economics*, Vol. 11, 1983.

Joel West and Scott Gallagher, "Challenges of Open Innovation: the Paradox of Firm Investment in Open-source Software", *R&D Management*, Vol. 36, No. 3, 2006.

Kleineknecht A., "Firm Size and Innovation", *Small Business Economics*, Vol. 1, No. 1, 1989.

Kleinknecht, A. and Verspagen, B., "Demand and Innovation: Schmookler Re-examined", *Research Policy*, Vol. 19, No. 4, 1990.

Klepper, S., "Industry Life Cycles", *Industrial and Corporate Change*, Vol. 6, 1997.

Kogut, B. and Zander, V., "Knowledge of the Firm, Combinative Capabilities and the Replication of Technology", *Organization Science*,

Vol. 3, 1992.

Kotabe, M., Srinivasan and S. S. Aulakh, P. S., "Multinationality and Firm Performance: The Moderating Role of R&D and Marketing Capabilities", *Journal of International Business Studies*, Vol. 33, No. 1, 2002.

Lang, LHP., R. M. Stulz and R. A. Walkling, "A Test of the Free Cash Flow Hypothesis: the Case of Bidder Returns", *Journal of Finance Economics*, Vol. 29, No. 2, 1991.

Lee andJaymin, "Technology Imports and R&D Efforts of KoreanManufacturing Firms", *Journal of Development Economics*, Vol. 50, No. 1, 1996.

Lei and D. T., "Industry Evolution and Competence Development: the Imperatives of Technological Convergence", *International Journal of Technology Management*, Vol. 19, No. 7-8, 2000.

Leiponen, Ajia and Ina Drejer, "What exactly are Technological Regimes? Intra-industry Heterogeneity in the Organization of Innovation Activities", *Research Policy*, Vol. 36, No. 8, 2007.

Lengrand, L. et al., "Innovation Tomorrow: Innovation Policy and the Regulatory Framework: Making Innovation an Integral Part of the Broader StructureAgency", *European Commission*, No. 28, 2002.

Lerner and J., "The Government as Venture Capitalist: The Long-run Effects of the SBIR Program", *Journal of Business*, Vol. 72, 1999.

Lichtenberg and F. R., "Energy Prices and Induced Innovation", *Research Policy*, Vol. 15, No. 2, 1986.

Lieberman M. B., Montgomery and D. B., "First-mover Advantage", *Strategic Management Journal*, Special Issue: Strategy Content Research (summer), Vol. 9, 1988.

Loeb, P. D. and V., "Research and Development in the Pharmaceutical Industry-A Specification Error Approach", *Journal of Industrial Economics*, Vol. 26, No. 1, 1977.

Lundvall, B-Å and Borrás and S., "Science, Technologyand Innovation Policy", In J Fagerberg, DC Mowery and RR Nelson (eds), *The Oxford Handbook of Innovation*, United Kingdom: Oxford University Press, 2005.

Malerba, F. and L. Orsenigo, "The Dynamics and Evolution of Industries", *Industrial and Corporate Change*, Vol. 5, 1996.

Malerba, F., "Sectoral Systems: How and Why Innovation Differ Across Sectors" In JFagerberg, DC Mowery and R. Nelson (eds), *The Oxford Handbook of Innovation*, United Kingdom: Oxford University Press, 2005.

MansfieldE., *Industrial Research and Technological Innovation: An Econometric Analysis*, New York: Norton, 1968.

Mansfield, E., "Academic Research and Industrial Innovation: An Update of Empirical findings", *Research Policy*, Vol. 26, No. 7, 1998.

Marjolein andRomijn. H., "Strategic Niche Management: towards a Policy Tool forSustainable Development", *Technology Analysis and Strategic Management*, Vol. 20, No. 2, 2008.

Merton, R. K., Social theory and social structure, Mankato: Free Press, 1968.

Michael E. Porter., *The Competitive Advantage of Nations*: New York, NY: The Free Press, 1990.

Monteverdeand Teece, "Supplier Switching Costs and Vertical Integration in the Automobile Industry", *Bell Journal of Economics*, Vol. 13, 1982.

Morgan, Stephen and David J. Harding, "Matching Estimators of Causal Effects Prospects and Pitfalls in Theory and Practice", *Sociological Methods and Research*, Vol. 35, No. 1, 2006.

Mowery, D. and Rosenberg, N., "The Influence of Market Demand upon Innovation: a Critical Review of Some Recent Empirical Studies", *Research Policy*, Vol. 8, No. 2, 1979.

Mueller, D. C., *Profits in the Long Run*, Cambridge: Cambridge University

Press, 1986.

NawazSharif, "Strategic Role of Technological Self-reliance in Development Management", *Technological Forecasting and Social Change*, Vol. 62, 1999.

Nelson and R. R., "Recent Evolutionary Theorizing about Economic Change", *Journal of Economic Literature*, No. 33, 1995.

Nelson and R. R., "The Economics of Parallel R and D Efforts: A Sequential-DecisionAnalysis", *The RAND Memorandum*, 1959.

Nelson and R. R., "Why do Firms Differ and How does it Matter?", *Strategic Management Journal*, winter special issue, 1991.

Nett, L., "Why Private Firms are More Ininovative than Public Firms", *European Journal of Political Economy*, Vol. 10, 1994.

OECD, *Frascati Manual Fifth edition*, Annex 2, para. 29, 1993.

OECD, *Innovation PolicyResearch report*, Paris, 1982.

OECD, *Open Innovation in Global Networks*, Paris: OECD Publications, 2008.

Parsons, M., Furuya, T., Pal, etal, "Biogenesis and Function of Peroxisomes and Glycosomes", *Molecular and Biochemical Parasitology*, Vol. 115, No. 1, 2001.

Pavitt and K., "Sectoral Patterns of Technical Change—Towards a Taxonomy and a Theory", *Research Policy*, Vol. 13, No. 6, 1984.

PierreTufféry, "Accessing external innovation in drug discovery and development", *Expert Opinion on Drug Discovery*, No. 6, 2015.

Ping Deng, "Why do Chinese Firms Tend to Acquire Strategic Assets in International Expansion?", *Journal of World Business*, Vol. 44, No. 1, 2010.

Popp and D., "Induced innovation and energy prices", *American Economic Review*, Vol. 92, No. 1, 2002.

Rajesh K. Chandy and Gerard J. Tellis, "The Incumbent's Curse? Incumbency, Size, and Radical Product Innovation", *Journal of Marketing*,

Vol. 64, No. 3, 2000.

Richard R. Nelson and Sidney G. Winter, *An Evolutionary Theory of Economic Change*, Cambridge, Massachusetts: The Belknap Press of Harvard University Press, 1982.

Robert W. Veryzer Jr., "Discontinuous Innovation and the New Product Development Process", *Journal of Product Innovation Management*, Vol. 15, No. 4, 1998.

Rosenbaum, P., D. Rubin, "The Central Role of the Propensity Score in Observational Studies for Causal Effects", *Biometrika*, Vol. 70, No. 1, 1983.

Rosenberg Nathan, "Technological Change in the Machine Tool Industry, 1840–1910", *The Journal of Economic History*, Vol. 23, No. 4, 1963.

Rosenberg, N., "Direction of Technological Change—Inducement Mechanisms andFocusing Devices", *Economic Development and Cultural Change*, Vol. 18, No. 1, 1969.

Rosenberg, N., *Exploring the Black Box: Technology, Economics, and History*, Cambridge: Cambridge University Press, 1994.

Rothwell, R. and Zegveld, W., *Industrial Innovation and Public Policy: Preparing for the 1980s and the 1990s*, London: Frances Printer, 1981.

Rumelt, R. P., Schendel, D. and Teece, D. J., "Strategic Management and Economics", *Strategic Management Journal*, No. 12, 1991.

Scherer, F. M., "Firm Size, Market Structure, Opportunity, and the Output of Patented Inventions." *American Economic Review*, Vol. 55, No. 5, 1965.

Schmookler J. "Economic Sources of Inventive Activity", *The Journal of Economic History*, Vol. 22, No. 1, 1962.

Schmookler, J., *Invention and Economic Growt*, . Cambridge MA: Harvard University Press, 1966.

Schot, J., R. Hoogma, et al., "Strategies for Shifting Technological Systems:

The Case of the Automobile System", *Futures*, Vol. 26, No. 10, 1994.

Schumpeter, J. A., *The Process of Creative Destruction. In: Capitalism, Socialism and Democracy*, 3rd Edition, London: Allen and Unwin, 1950.

Schumpeter, J. A., *The Theory of Economic Development.* 3rd Edition, New York: Oxford University Press, 1961.

Schumpeter, J. A., *Theory of Economic Development: An Inquiry into Profits, Capital, Credit, Interest, and the Business Cycle*, 2 Cambridge: Harvard University Press, 1934.

Shleifer, A. and R. Vishny, "Stock Market Driven Acquisitions", *Journal of Financial Economics*, No. 70, 2003.

Simon, H. A., "Theories of Decision-making in Economics and Behavioral Science", *The American Economic Review*, Vol. 49, No. 3, 1959.

Soete, L. and Turner, R., "International Diffusion of Technology, Industrial Development and Technological Leapfrogging", *World Development*, Vol. 13, No. 3, 1985.

Soete, L. L. G., "Firm Size and Innovation Activity", *European Economic Review*, No. 12, 1979.

Sotaro Shibayama, Kunihiro Tanikawa, Ryuhei Fujimoto and Hiromichi Kimura, "Effect of Mergers and Acquisitions on Drug Discovery: Perspective from a Case Study of a Japanese pharmaceutical company", *Drug Discovery Today Volume*, No. 13, 2008.

Teece, D. J., "Profiting from Technological Innovation: Implications for Integration, Collaboration, Licensing and Public Policy", *Research Policy*, No. 15, 1986.

Timmons, J., *New Venture Creation: Entrepreneurship in the 21st Century*, U. S. A.: Richard D. Irwin, Inc., 2006.

TomiLaamanen and T. Keil, "Performance of Serial Acquirers: Toward an Acquisition Program Perspective", *Strategic Management Journal*,

Vol. 29, No. 6, 2008.

Tripsas, M., Gavetti, G,. "Capabilities, Cognition, and Inertia: Evidence from Digital Imaging", *Strategic Management Journal*, No. 21, 2000.

Tushman, M. and Anderson, P., "Technological discontinuities and organization environments", *Administrative Science Quarterly*, Vol. 31, No. 3, 1986.

Tushman, M. L. and Rosenkopf, L., *Organizational determinants of technological change: Toward a sociology of technological evolution*, CT: JAI Press, 1992.

Utterback, J., *Mastering the Dynamics of Innovation*, Boston, Harvard Business School Press, 1994.

Vannevar Bush, *Science, the Endless Frontier*, U. S: Govt. print. Off, 1945.

Vermeulen F, and Barkema H. "Learning through Acquisitions", *Academy of Management Journal*, Vol. 44, No. 3, 2001.

Wallsten, S., "The effects of government-industry R&D programs on private R&D: The case of the Small Business Innovation Research program", *RAND Journal of Economics*, No. 31, 2000.

Wegloop, "Lining firm strategy and government action: Towards a resource-based perspective on innovation and technology policy", *Technology in Society*, Vol. 17, No. 4, 1995.

Williamson, O. E., "Corporate Finance and Corporate Governance", *Journal of Finance*, No. 43, 1988.

Winter, S. G., "Schumpeterian Competition in Alternative Technological Environments", *Journal of Economic Behavior and Organization*, No. 5, 1984.

Xiong Liu, Craig E. Thomas, and Christian C. Felder. "The impact of external innovation on new drug approvals: A retrospective analysis", *International Journal of Pharmaceutics*, Vol. 563, No. 5, 2019.